Der kleine Wegweiser zum
großen Glück

ZUM GLÜCK
GLÜCKLICH!?

DAS
MUTMACH
BUCH

D1726540

LEONA S. HOFMANN

Impressum

Autoren: Leona S. Hofmann

ISBN: 978-3-98661-008-1

Lektorat: Luise Rohner

Buchsatz: Laura Antonioli

1. Auflage November 2021

© 2021 Stefan Waidelich, Zeisigweg 6, 72212 Altensteig

Druckerei: Amazon Media EU S.á r.l., 5 Rue Plaetis, L-2338, Luxembourg

Coverbild: © Freepik-Freepik.com Premium License 25 Juli 2021

Covergestaltung: by Marynart @Fiverr.com

Weil Dein Leben ein Abenteuer ist!

INHALTSVERZEICHNIS

VORWORT

Wann warst Du das letzte Mal glücklich, so richtig glücklich?

Vielleicht ist es eine Weile her …

Na und? Das beweist doch nur, dass Du glücklich sein kannst, dass es möglich ist!

Dieses Buch handelt genau davon: um Möglichkeiten, um Wege zum Glück.

Solange wir Wege finden, gehen wir weiter und bleiben in Bewegung.

Im günstigsten Fall in die richtige Richtung: in die, die uns glücklich macht.

Doch wohin müssen wir uns dafür drehen und was um Himmelswillen macht uns überhaupt glücklich? Wann kommen wir denn im großen Glück an? Oder war nicht doch irgendwie der Weg das Ziel? Wie verdammt noch mal fühlt sich Glück an?

Fragen über Fragen … und dann soll man auch noch seines eigenen Glückes Schmied sein.

Puh, irgendwie ganz schön anstrengend! Dabei wollen wir es doch leicht haben, beflügelt wollen wir sein vom Glück. Hin und wieder sind wir das auch.

Dann glauben wir, alles darüber zu wissen, was uns glücklich macht:

vielleicht die große Liebe, unsere Familie, der perfekte Job oder doch ein stabiles Bankkonto, viel Freizeit und gute Freunde, die mit uns durch dick und dünn gehen. Kurz, wir haben einen Plan.

Ein wasserdichtes, unumstößliches „Da geht's lang!".

Ich stell mir dann das Leben immer gerne wie einen Elefanten vor - aber nicht ein normaler und auch kein Mammut. Die sind schließlich ausgestorben, das weiß doch jeder.

Dieser Elefant ist sogar noch majestätischer als sein Urzeitvorfahre, fast schon monumental.

Unerschütterlich, ruhig und erhaben schreitet er voran. Nichts kann ihn aufhalten und er hat etwas Zauberhaftes an sich. Er kann sogar die Farbe wechseln, ganz so, wie Du es möchtest. Er kann die noch so merkwürdigsten Nuancen annehmen, einfach jede, die Du Dir vorstellen kannst. Vielleicht ist Deiner lila-blassblau gestreift mit grünen Punkten und seine Stoßzähne glitzern in der Sonne. Du malst ihn Dir so aus, wie er Dir gefällt.

Die schönsten und schillerndsten Farben sind gerade gut genug für ihn.

Und dann kackt uns das Vieh mitten auf den Weg!

Ab jetzt ist es völlig egal, wie Dein Elefant aussieht, denn da liegt ein verdammt großer Kackhaufen! Ekelhaft! So haben wir uns das nicht vorgestellt …

Wir wussten zwar schon vorher, dass irgendwann so etwas kommt, weil es dazu gehört, aber doch nicht so! Wir haben uns einfach nicht mit dieser Option befasst.

Deshalb möchte ich dieses Buch nicht dem Elefanten widmen - mit dem kommst Du sicher sehr gut klar - sondern mehr mit dem Kackhaufen sozusagen. Was tun, wenn die Scheiße so richtig dampft? Was, wenn ein außen rum gehen oder ein „tritt sich fest" nicht funktioniert? Natürlich kannst Du Dich dann erst mal stundenlang darüber aufregen, dass Dein wunderschöner Elefant den größten Haufen der Menschheitsgeschichte präsentiert hat, das bringt aber nichts. Für die erste Wut und Enttäuschung mag es hilfreich sein, auf Dauer ganz klar nicht. Leider neigen wir Menschen oftmals dazu, uns sogar jahrelang mit solchen Haufen zu beschäftigen … dabei existiert so mancher nicht mal mehr.

Wie blind stolpern wir dann weiter, hadern uns durch unser Unglück, anstatt uns mit unserem Glück zu befassen. Vom Pech verfolgt stellen wir obendrein fest, dass wir gar nichts wussten: Nichts, Nada, null Plan und wir fangen wieder von vorne an.

Was sich hier so locker liest, lässt Dich bei kleinen Aufregern meist nur kurz stolpern und der Funken zum Neustart findet sich recht schnell.

Was aber, wenn einem das Schicksal so richtig übel mitspielt? Es gibt Ereignisse im Leben, die ganz einfach scheiße sind, da gibt es nichts schön zu reden. Große Tragödien wie Krankheit und Tod atmet man nicht mal eben so weg.

Um das Glück auch in schwierigen Phasen nicht aus den Augen zu verlieren, bedarf es mehrerer Dinge: Zeit, Gnade mit sich und eine verdammt gute Trickkiste gehören auf jeden Fall dazu.

Für solche Situationen ist dieses Buch gedacht. Es soll eine kleine strategische Hilfe für Dich sein und Dich unterstützen. Es ersetzt jedoch auf gar keinen Fall einen Arzt oder irgendeine therapeutische Maßnahme! Hier geht es nicht um eine Therapie, sondern um Dein Glück und das hat viele Gesichter. Es ist so individuell wie jeder Mensch mit seiner eigenen Persönlichkeit. Grund genug, Dein Glück ab sofort persönlich zu nehmen!

TÖRÖÖÖ .....

Special thanks to my dear good friend Satish Yarashi.
Thank you so much for creating this design
and for reading my mind!

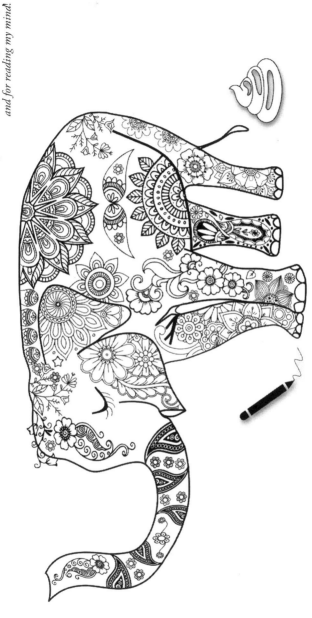

Was würdest Du zuerst ausmalen: den Elefanten oder den Kackhaufen?

Lass uns etwas über den Fokus sprechen.

GLÜCKLICH
MIT DIR
SELBST

Bettina seufzte tief. Es war mal wieder einer dieser speziellen, besonders miesen Tage.

Ein Tag, an dem Bettina machen konnte, was sie wollte, es würden nicht alle Menschen um sie herum zufrieden sein. Nicht Andreas, ihr Mann, der schon völlig gestresst und genervt von der Arbeit nach Hause kam und mit ihrer Essensauswahl, unzufrieden war.

»Ich dachte, du machst Knödel« brummte ihr Gatte mit mürrisch-abwertendem Blick auf die Lasagne. Sie wusste längst, dass sie keine Starköchin par excellence war, aber immerhin hatte sie sich Mühe gegeben … Es den Kindern recht zu machen, hatte sie sich schon lange abgeschminkt. Die Illusion war verflogen. Der Kleine zog gerade laut stampfend an ihr vorbei und kommentierte die Verweigerung der Gummibärchen mit »Böse Mama!«. Der früh Pubertierende stellte dann auch noch ihre Entscheidungsfähigkeit infrage mit: »Musste der denn wirklich noch sein, Mom? Kleine Brüder nerven, ey!« Dann zog er ebenso beleidigt von dannen. Ganz gleich, was sie tat, sie war scheinbar an der gesamten Misere der Menschheit Schuld. Sie und niemand anders! Bettina fühlte sich hundeelend. Nicht nur, dass ihr Tag an sich schon anstrengend genug war, sie hatte noch nicht mal die Hälfte von dem geschafft, was sie erledigt haben wollte. Wobei

… Stopp! Wollte? Sollte! Sie sollte noch so viel machen. Das Wohnzimmer sah nach wie vor aus, als wäre eine Horde wilder Trolle hindurch marschiert und im Badezimmer schien ein Drogeriemarkt explodiert zu sein. Ist das da Mascara an der Wand? Fluchend wandte sie sich der modernen Höhlenmalerei zu und überlegte, wie ihre Freundin Marie das immer schaffte. Bei der war es nämlich stets sauber und ordentlich, außerdem duftete es fast täglich nach frisch Gebackenem und ihr Mann war auch zufrieden mit ihr. Und Maries Tochter erst … hatte sie nicht sogar im letzten Jahr als Jahrgangsbeste abgeschlossen? Ja, Marie hatte es eben drauf. Sie hatte ihr Leben im Griff und war dabei auch noch immer so hübsch gestylt. Ganz anders als Bettina. Ihr Blick streifte ihr eigenes Spiegelbild. Die Haare hatte sie versucht, zu einem Knoten zusammen zu friemeln. „Messy Bun" nennt man das ja heute; nur dass es bei ihr irgendwie wirklich schäbig aussah. Wie gewollt und nicht gekonnt eben.

Sie konnte viele Dinge nicht, überlegte sie traurig, als sie ihr müdes und abgekämpftes Abbild begutachtete. Was sie dort sah, war weit von dem entfernt, wie sie sein wollte. Eigentlich wollte sie Journalistin werden wie Lois Lane in Superman. Aber ihre Mutter war gar nicht glücklich mit ihren Träumen: »Schau doch mal: Die Tochter von Grete macht immer so großartige Frisuren in ihrem Laden. Da könntest Du etwas aus Dir machen!«. Sie konnte nicht mehr zählen, wie oft sie diesen Satz gehört hatte. Ihre Mutter war dann auch sehr glücklich, als sie sich doch für eine Friseurlehre entschied. Ihren Traum als vermeintliche Miss. Lane an der Seite von Superman strich sie letztendlich ganz von ihrer Wunschliste. Superman, das war aber auch zu albern. Sie hatte einen Mann an ihrer Seite; einen sehr liebevollen und erfolgreichen obendrein, wie sie fand. Aber auch ihn konnte sie nicht zufriedenstellen, obwohl gerade er das wirklich verdient hätte. Was, wenn er sie gar nicht mehr liebt? Was, wenn er sie nicht mehr begehrt? Ein letzter abwertender Blick in den Spiegel bestätigte sie. Sie verstand sogar, warum er nicht mit ihr zufrieden war.

Etwa zur gleichen Zeit, genau an diesem miesen Tag saß Andreas am Küchentisch und aß, was seine Frau gekocht hatte. Die Lasagne riss ihn jetzt nicht wirklich vom Hocker. Nicht weil es ihm nicht schmeckte - im Gegenteil: Für ihn war jede Mahlzeit, die seine Frau kochte, köstlich. Er hatte sich nur besonders auf die selbst gemachten Knödel mit Gulasch gefreut. ›Das ist aber auch jedes Mal so lecker! Ich weiß gar nicht, wie sie das immer hinbekommt. Ich bin schon froh, wenn mir die Dosensuppe nicht im Topf anbrennt‹, dachte er sich. Die Wahrheit war: Die letzten 14 Stunden hatte er im Grunde nur überstanden,

weil er sich an der Aussicht auf sein Lieblingsessen fest-
gehalten hatte. Genau das hatte ihn gerettet. Sein Arbeits-
tag war unterirdisch, geradezu höllenmäßig beschissen
gewesen. Denn heute war wieder einer dieser berühmten
Tage, an dem er sich fragte, ob er überhaupt etwas richtig
machte, ob er gut genug war. Einfach, ob er JEMAND
war. Er hatte heute ein Gespräch mit seinem Chef, dieser
hatte ihm offenbart, dass der noch recht neue Kollege ab
sofort die Bereichsleitung übernahm; ein Posten, auf den
er selbst die ganze Zeit gehofft hatte. Andreas war von
sich selbst schwer enttäuscht. Er wusste, er hatte nicht das
moderne Know-how seines jungen Kollegen und wahrscheinlich hatte der schlicht den aggressiveren Biss. Der
Jungspund wollte es eben noch der ganzen Welt zeigen.
Aber wem musste ER denn schon etwas beweisen? Seit 30
Jahren in der gleichen Firma, da gehörte er fast schon zum
Inventar. Das war nun also der Dank für all die jahrelan-
gen Mühen: das Abstellgleis! Dabei hatte er sich fest vorgenommen, dass sich die Worte seines Vaters niemals be-
wahrheiten würden: »Junge, Du musst wer sein im Leben,
sonst wirst Du ausgemustert«. Doch exakt hier und heute
bestätigten sich genau diese Worte. Er war ganz einfach
niemand oder besser gesagt: jemand, den man schlicht er-
setzen konnte. Heute fühlte er sich besonders unsichtbar.
Wertschätzung? Fehlanzeige! Nicht mal seine Frau nahm

ihn für voll. Früher begrüßte sie ihn mit diesem Glitzern in den Augen, jederzeit und überall. Heute Abend
aß sie noch nicht mal mit ihm zusammen. Wahrscheinlich hatte sie gerade etwas viel Wichtigeres im Badezimmer zu tun. Es stand noch ein Treffen mit Freunden auf
dem Plan und sie machte sich bestimmt für den Abend
zurecht, schminkte sich. Seine Begeisterung hielt sich in
Grenzen. Bestimmt war dieser Thomas wieder mit von
der Partie. Er mochte diesen Vollidioten nicht. Jedes Mal
kam der Typ mit merkwürdigen Komplimenten für seine
Frau um die Ecke, wenn sie sich hübsch machte. Dabei
war er selbst ja der Auffassung, dass sie es gar nicht nötig
hatte, sich so „aufzubrezeln". Sogar im Schlabberlook war
sie für ihn mit Abstand das bezauberndste Wesen, das es
gab. Aber was wusste er schon - so vom Abstellgleis aus?!
Für ihn wäre es kein Wunder, wenn sie irgendwann nichts
mehr von ihm wissen wollte. Wer war er denn? Was, wenn
er ihr nicht genug bieten konnte? Was, wenn da draußen
noch irgendein „Superman" auf sie wartet, der es richtig
drauf hatte … Nicht so wie er.

Was, wenn Du doch wundervoll bist?

Was, wenn Du liebenswert bist, genauso wie Du bist?

Was, wenn es reicht, dass DU zufrieden mit DIR SELBST bist?

Was, wenn DU genug bist?

Genau diese Fragen würde ich gerne diesen beiden Menschen stellen - ebenso auch Dir!

Denkst Du, es hätte einen Unterschied gemacht, wenn beide nicht so sehr an sich selbst gezweifelt hätten? Wenn beide nicht so extrem mit Vergleichen beschäftigt gewesen wären?

Wäre die Situation möglicherweise sogar völlig anders ausgegangen, wenn die Vorstellungen im Kopf nicht so starr gewesen wären?

Ich glaube schon!

JAGD NACH SUPERHELDEN

Wenn man von Helden spricht, dann gilt der erste Gedanke für gewöhnlich nicht einem selbst.

Aber warum eigentlich nicht? In Wahrheit sind wir schon alle Helden. Ja, auch Du!

Dieses Kapitel ist Deinem inneren Superhelden / Deiner inneren Superheldin gewidmet. Vielleicht hattest Du im ersten Moment auch wirklich eine Figur wie Superman oder Wonder Women im Kopf. Aber mal ganz ehrlich: Was nutzen Dir wehender Umhang oder Laseraugen in Deinem Leben? Gar nichts! Gut okay, außer Du möchtest vielleicht eine Dose Ravioli auf machen und hast gerade keinen Öffner zur Hand.

Das war´s dann aber auch schon. Alles andere ist nicht echt!

Solche Figuren sieht man niemals an einem Bad-Hair-Day oder bei dem Versuch, sich in einen viel zu engen Superheldenanzug zu quetschen. Sie haben keine Selbstzweifel, keine erkennbaren Defizite und selbst in den turbulentesten Situationen behalten sie das charmanteste Lächeln der Welt. Erfolgreich, begehrt, bewundert agieren sie immer im Geheimen und maskiert. Genau hier bist Du ihnen einen gewaltigen Schritt voraus!

Sie sind nicht real - ganz im Gegenteil zu Dir.

DU darfst echt sein!

DU darfst glücklich mit Dir sein, so wie Du bist!

DU darfst lieben und leben, was und wer Du in Wirklichkeit bist, ohne Dich zu maskieren.

Jetzt ist Schluss mit dem Verstecken Deiner Talente und Deiner Liebenswürdigkeit!

Deine Superkräfte, Dein inneres Leuchten geht außerdem noch sehr viel weiter als irgendein Heldenskill: Deine Superkräfte stecken sogar an!

Das glaubst Du nicht?

Kennst Du das wunderbar angenehme Gefühl, Zeit mit jemandem zu verbringen, der sich selbst auf eine gesunde Art und Weise mag? Das tut gut, nicht wahr?

Genau dahin möchte ich mit Dir.

Es wird Zeit für eine Liebes-Revolution – mit Dir selbst!

Weil Du genug bist.
Weil Du liebenswert bist.
Weil Du wertvoll bist.
Weil Du ein Geschenk bist.

Hast Du bei der Vorstellung, dass Du ein Geschenk bist, innerlich gezuckt?

Eigenlob stinkt! Nicht wahr? Das weiß doch jeder …

Aber ist das wirklich so? Ich glaube nicht! Es gibt unzählige Gründe dafür, Dich gut zu finden. Bei Deiner Liebes-Revolution geht es nicht darum, Dich über andere zu erheben.

Selbstliebe ist kein überzogener Egotrip oder Narzissmus, sondern ein wohlwollendes Bild Deiner selbst. Eine gesunde Selbstpflege.

Nur mit einer guten Portion Selbstliebe wird die Liebe anderer für uns fühlbar.

Wie könntest Du Liebe annehmen in dem Glauben, Du hättest sie nicht verdient?

Es kann Dir jemand tausendmal sagen, dass Du großartig und liebenswert bist, wenn Du Dich selbst nicht so wahrnimmst, wird das nicht ankommen … und nicht nur das!

Wer sich selbst nicht liebt, gibt dieses ungeliebte Gefühl an andere weiter.

Ich wage sogar zu behaupten, dass die meisten Beziehungen nicht aus fehlender Liebe zum Partner enden, sondern aus mangelnder Liebe zu sich selbst! Ich finde, der Gedanke ist es zumindest wert, ihn in Ruhe auf sich wirken zu lassen.

Vergleiche sind Gift für Dein Glück, weil Du unvergleichlich bist!

Selbstbewusstsein, Selbstvertrauen, Selbstwertgefühl und Selbstliebe - WO?

Ich werde das Gefühl nicht los, dass wir Menschen uns heute geradezu in einer Hochphase des Vergleichens befinden. Sister Social Media macht es uns auch kinderleicht einen Maßstab zu setzen. Es wird gepostet, was das Zeug hält. Das Auto, das Essen, die Kinder, der Partner und Urlaubsfotos dürfen natürlich auch nicht fehlen. Noch mal schnell den Bauch einziehen für das Foto. 1, 2, 3, klick und schon geht das perfekt inszenierte, gefilterte Bild viral.

Das Fatale daran: Wir sehen nicht den Aufwand, die Verzerrung der Realität, sondern nur das perfekte Ergebnis, dem wir selbst nicht entsprechen.

Das ist aber noch nicht alles: Tagtäglich werden wir mit Informationen, den neuesten Trends und Don'ts bombardiert. Zusätzlich wirkt auch noch eine Vielzahl von Wertvorstellungen auf uns ein. Die meisten davon sind nicht einmal unsere eigenen, aber sie hinterlassen Spuren. Das kann den eigenen inneren Kompass schon mal durcheinanderbringen.

Auch wenn wir glauben, immun gegen all diesen Input zu sein, bleibt ein klein wenig immer hängen. Wer hat sich nicht schon selbst dabei erwischt, im Geiste seine Ernährung zu checken, weil scheinbar die halbe Welt gerade dem Winterspeck den Kampf angesagt hat?

Das funktioniert jeden verdammten Frühling, jedes Jahr aufs Neue. Der Mensch ist beeinflussbar, sogar manipulierbar. Werbeprofis grinsen wissend über diesen Fakt.

Es kann natürlich keine Lösung sein, sich in eine Art medialen „Faraday'schen Käfig" zu setzen, um den Einflüssen von außen zu entkommen.

Mit einem starken und gut justierten inneren Kompass brauchst Du das auch gar nicht: Werde Dir bewusst, dass es für das Real Life keine Filter und kein Photoshop gibt. Erst recht nicht für Dich als Mensch mit Deiner Persönlichkeit. Man kann Dinge miteinander vergleichen, aber keine Seelen. Wie wäre es mit einem anderen Bewertungssystem, einem gnädigen, wohlwollendenden?

ERSTER SCHRITT

Verabschiede Dich von falschen Idealvorstellungen!

Den perfekten Körper gibt es nicht.

Leider neigen gerade Frauen sehr schnell dazu, ihren eigenen Körper ans Kreuz zu nageln.

Ein graues Haar, ein paar Kilos zu viel und schon betritt man das Makel-Karussell.

Männer sind davor auch nicht gefeit, hier fällt der Fokus nur etwas anders aus. Vielleicht ist es da eher der „Waschbärbauch", das lichter werdende Haar oder das Gehaltslevel.

Um was es auch geht, das Ergebnis ist das gleiche: Wir bauen ganz schnell Idealvorstellungen auf, die gar nicht wichtig sind. Perfektionismus wird rasch zur Mauer, die die Kraft hat, Dich von Deinem Glück zu trennen.

Diese kannst Du getrost einreißen!

Natürlich sollst Du Dich pflegen. Ich möchte Dir keineswegs ausreden, etwas für Dich und Deinen Körper zu tun. Ein gesunder Körper ist ein wohlig eingerichtetes Zuhause. Fakt ist nämlich auch: Wir empfinden uns in einem gesunden Körper glücklicher. Gesunde Ernährung, ausreichend Schlaf und Bewegung sind genauso Glückstreibstoffe wie Deine mentale Pflege. Deshalb ist es für Dein Glück wichtig, Deinem Körper Gutes zu tun. Nicht aus ästhetischen Gründen, sondern auf Wohlfühlbasis. Es geht dabei um ein Maß, mit dem wir uns gut in unserer Haut fühlen, ohne uns in falschem Perfektionismus zu verrennen.

Glücksworkout:
Selbstliebe

Selbstliebe macht glücklich!

Natürlich könnte ganz trivial versuchen, Dir Mantra-mäßig einzutrichtern, dass Du ein liebenswerter Mensch bist. Ich könnte dann hoffen, dass Du es irgendwann glaubst, wenn ich es nur oft genug wiederhole. Das wird aber nicht funktionieren.

Dein Selbstwert muss für Dich fühlbar sein. Ich möchte Dich sensibilisieren, Schönheit an Dir zu entdecken und zu zulassen. Lass uns daher versuchen, Deinen inneren Kritiker etwas leiser zu stellen und Deinen eigenen Kompass neu zu justieren, um Deine Stärken kennenzulernen.

Ich möchte Dich dazu aufrufen, gut und gnädig mit Dir selbst zu sein.

Wir alle haben unsere kleinen und auch größeren Macken, Ecken und Kanten.

Genau diese lassen uns eben auch funkeln wie ein Diamant.

Sie sind ein Teil Deiner Einzigartigkeit! Zeige Dich in Liebe!

Wie wäre es also mit einem »Ich lass mich jetzt einfach so«?

INNERER DIALOG

Wie behandelst Du einen Freund?

Stell Dir vor, ein Freund oder eine Freundin erzählt Dir, es gäbe nichts Gutes oder Schönes an ihm/ihr. Was würdest Du antworten?

Würdest Du sagen »Okay, Du hast recht, Du bist nun mal nicht so schlank, sportlich, kreativ, schlau, weiblich, männlich, charmant wie ... deshalb wird Dich nie jemand lieben«?

Wäre das Deine Antwort für Deinen Freund oder Deine Freundin?

Nein, das würdest Du nicht tun! Das wäre ganz schön fies und unrealistisch obendrein, nicht wahr?! Warum also solltest Du so hart mit Dir selbst ins Gericht gehen?

Sei Dir selbst Dein bester Freund! Achte auf Deinen inneren Selbstdialog. Kleine Änderungen können schon Großes bewirken. Ich kann gar nicht oft genug erwähnen, wie wichtig es ist, sich selbst wohlwollend gnädig zu bewerten.

Versuche ab sofort, darüber nachzudenken, wie Du mit einem guten Freund in Deiner speziellen Situation umgehen würdest. Immer, wenn sich nun negative Gedanken über Deinem Kopf zusammenbrauen, frage Dich bitte, was würdest Du einem Freund oder einer Freundin sagen? Formuliere dann Deinen inneren Kritiker dementsprechend um!

DENK-BEISPIEL

Versuche es doch statt mit »Mein Gott, das ist viel zu viel Gewicht auf der Waage«, mal mit »Ich trage mich gerade weiblich rund. Wenn ich möchte, kann ich das ändern!«.

Oder ersetze »Meine Güte wieder ein graues Haar, bin ich alt!«,

mit »Graue Haare wirken auch charismatisch. Erfahrung ist halt sexy!«.

Was auch immer Dir als Formulierung einfällt, ist in Ordnung.

Es ist nur für Dich! Wichtig ist eine wohlwollende und liebevolle Art.

Ich weiß, es fühlt sich vielleicht erst einmal komisch an, seinen eigenen Gedankenbrei so umzudenken. Es steckt jedoch eine enorme Kraft in Deinem Selbstbild und Selbstdialog.

Denn Du bist, was Du denkst - und das immer und immer wieder.

Oder um es mit einem Zitat von Heimito Nollé zu verdeutlichen: „Die wahre Kunst ist nicht gute Gedanken zu haben, sondern gute Gedanken zu leben". Es lohnt sich so sehr diese guten Gedanken wachsen zu lassen und zu pflegen.

SCHMEIß VERGLEICHE IN DIE TONNE!

Schlag Deinem Selbstbewertungstrieb ein Schnippchen.

Es braucht Dich nicht zu interessieren, wer etwas besser, schöner, leichter hat.

Andere sind nicht Du und haben auch nicht Deinen Background oder Deine Möglichkeiten.

Jeder Mensch ist einzigartig, wir wissen das alle.

Dennoch tappt jeder von uns hin und wieder in die Vergleichsfalle.

Das liegt zum einen daran, dass unsere Selbstwahrnehmung eher auf Negatives gepolt ist, zum anderen sind wir Menschen Meister im Kategorisieren. Wir kennen alle diese berühmten Schubladen. Keiner will in eine rein, aber wir benutzen sie alle. Jede Situation, die wir erleben, wird durch bestimmte Filter gejagt, um sie irgendwie einteilen zu können.

Oft passen diese Filter aber nicht.

Die absolut wichtigste Frage, die Du Dir bei jeder Bewertung stellen solltest, ist:

Interessiert mich das wirklich? Oder ist das eine Vorstellung von außen, die ich zu erfüllen versuche? Ist das wirklich, wirklich wichtig für MICH und NUR FÜR MICH?

Es ist absolut in Ordnung, den Fokus erst mal nur auf Dich zu setzen. Immerhin geht es hierbei um Dein Wohlfühlen, Dein Glück und niemand anderen.

Lass uns Deine Wahrheit finden. Probiere es aus, wenn Du magst.

Hier sind ein paar Zeilen für Dich:

Ich möchte _____,

weil _____.

Mir ist es wichtig _____,

weil _____.

Weil ich _____,

möchte ich _____.

Achte beim Notieren Deiner Beweggründe auf die folgenden wichtigen Grundfragen:

Dreht es sich wirklich um Dich, um etwas, das Dir wichtig ist, oder hast Du Angst vor einer Schublade? Steckt hinter Deinem Wunschziel und Deinen Vorstellungen, Deine Wahrheit oder versuchst Du andere damit glücklich zu machen?

Wer gerne radikalere Wege geht und ganz mutig ist, kann noch etwas weiter gehen und sich fragen:

> **Würde es mich interessieren, wenn ich nur noch 8 Wochen zu Leben hätte?**
> **Wäre dieses Ziel, das Erreichen dieses Wunschbildes, dann wirklich noch wichtig für mich, oder wäre es mir egal?**

Mit dieser Frage lässt sich sehr vieles sehr schnell relativieren.

So mancher Elefant schrumpft dann furchtbar schnell wieder auf Mückengröße.

DU DARFST SCHÖN SEIN

Ja, Du hast richtig gelesen. Du darfst das und das hat rein gar nichts mit Arroganz zu tun!

Eigenlob stinkt in diesem auch Fall nicht… Es geht nicht um ein Besserstellen Deiner Selbst, sondern ums Sichtbarmachen Deiner Schönheit - und glaube mir, sie ist da.

Hast Du gewusst, dass jeder Mensch seine Freunde unterbewusst auch danach aussucht, was er schön findet? So falsch können die Leute um Dich herum doch gar nicht sein.

Nimm Dir bitte etwas zum Schreiben zur Hand und notiere Dir alle Dinge, die Du an Dir schön oder gut findest.

Doch, doch, da gibt es bestimmt ganz viel; betrachte bitte Deine Details. Wenn Du möchtest, kannst Du das auch gerne vor dem Spiegel tun.

Möglicherweise ist es die Freundlichkeit in Deinem Lächeln, die Offenheit oder die Farbe in Deinen Augen, Deine Haare, oder vielleicht magst Du Deine Hände besonders. Ganz egal was Dir dazu einfällt, schreibe es auf. Also, let's go!

Ich mag an mir _____

_____

_____ .

Ich finde an mir gut _____

_____

_____ .

Ich habe schöne _____

_____

_____ .

Wusstest Du, wie schön Du bist oder fiel Dir das jetzt schwer?

Die meisten Menschen sind sich ihrer Schönheit gar nicht bewusst. Wie denn auch?! Durch die kurzen Blicke morgens in den Spiegel, wenn die Augen noch halb geschwollen sind, oder abends kurz bevor Du abgeschafft ins Bett fällst?

Das sind nicht gerade die größten Glücksmomente des Tages, oder? Aber doch sind es die Situationen, in denen wir uns am häufigsten selbst betrachten. Dabei gibt es so viel mehr zu entdecken - auch an Dir!

Die Wahrheit ist: In den wirklich großartigen Momenten siehst Du Dich gar nicht selbst! Dann, wenn Du Dich wohlfühlst, Du Glück empfindest, lachst, strahlst und leuchtest, sehen Dich in aller Regel nur die anderen!

Wann hast Du denn Deine eigenen Augen das letzte Mal vor Freude leuchten sehen?

Wann sind Dir an Dir selbst vor Euphorie und Aufregung gerötete Wangen aufgefallen? Vielleicht hast Du aber auch so ein kleines Grübchen, das sich nur zeigt, wenn Du wirklich von Herzen spontan lachst? Ich könnte hier jetzt noch ewig viele Beispiele aufzählen, in denen auch Du bestimmt wunderschön aussiehst, ohne dass Du es merkst.

Dir nahestehende Menschen bestätigen Dir das ganz bestimmt. Sie sehen Dich.

Jetzt ist es an der Zeit, dass Du Dich auch siehst. Lass uns Deine Schönheit für Dich sichtbar machen!

AUF INS RAMPENLICHT

Nimm Dir bitte etwas Zeit im richtigen Moment und Deine Kamera. Nein, die Linse wird ganz sicher keinen Sprung kriegen. Ich weiß, die meisten Menschen mögen Fotos von sich selbst nicht sonderlich. Das liegt aber nicht daran, dass sie nicht schön wären, sondern unter anderem am Zeitpunkt der Aufnahme und am Blickwinkel.

Wann wird man denn meistens fotografiert? In völlig unbewussten Momenten. Vielleicht noch zwischen Tür und Angel oder beim Herunterschlucken des letzten Bissens. Was man dann auch recht schnell an dem genervten Gesichtsausdruck oder dem fake Lächeln fürs Foto erkennen kann. Jetzt wollen wir aber Deinen Moment und Deine Schokoladenseite finden, die Du so meistens gar nicht siehst. Mache Bilder von Dir und zwar dann, wenn Du Dich wirklich wohl fühlst: Dann, wenn Du in Deiner Lieblingsjeans steckst oder Du gerade Deine Haare toll findest.

Dann, wenn Dir Deine Rasur besonders geglückt ist oder Du die Nägel schön hast. Du hattest einen supertollen oder entspannten Tag. Ein perfekter Zeitpunkt, um auf den Auslöser zu drücken! Spiele mit den Möglichkeiten, die sich Dir bieten. Wenn Dir ein Schnappschuss gelungen ist, der Dir gefällt, versuche es gleich noch einmal. Dieses Mal vielleicht aus einer anderen Perspektive. Du wirst überrascht sein, was Du alles Schönes bisher an Dir verpasst hast, allein schon wegen des Blickwinkels. Ich bin mir sehr sicher, nach einer Weile und mit etwas Übung, wirst auch Du so viel ungeahnte Schönheit an Dir entdecken.

BEAUTIFUL MIND & SOUL

Es wird Dich eventuell überraschen, aber Du mit Deiner Art und Deinem Wesen hast einen enormen Einfluss. Auch hier gibt es viel Schönheit zu erleben.

Vielleicht magst Du an Dir selbst besonders Deine Freundlichkeit, Deine Offenheit oder Deinen Humor. Schreibe auch hier alles dazu auf, was Dir einfällt.

YOU ARE BEAUTIFUL

Hier sind ein paar Einstiegssätze für Dich:

An meiner Persönlichkeit mag ich besonders _____

_____

_____•

Ich liebe an mir meine _____

_____

_____•

Besonders gut finde ich meine _____

_____

_____•

Du kannst auch gerne Familie und Freunde mit einbeziehen. Traue Dich, andere zu fragen: „Was findest Du an mir schön oder gut?"

Oder erkundige Dich bitte mal, in welchen Situationen Du die Menschen beeindruckt hast.

Du wirst überrascht sein, wie schnell einiges zusammenkommt, an das Du bisher noch gar nicht gedacht hast. Ich bin mir verdammt sicher, dass es viele Dinge an Dir gibt, die Dich zu einem einzigartig schönen Menschen machen. All das, was Du mit diesen Übungen entdeckst, sind ab sofort Deine „Schönheitsjoker", Deine sonnigen Seiten. Betrachte, hege und pflege sie. Ja, setze sie sogar in Szene, wann immer Du möchtest. Du darfst Dich zeigen!

MOTIVIERE DICH GLÜCKLICH

„Affirmationen", vielleicht hast Du schon mal davon gehört.

Sich selbst gut zu zusprechen, ist eine sehr unkomplizierte Möglichkeit, Dir Gutes zu tun. Nur ein paar Minuten täglich können ein unglaublicher Boost für Deine Selbstliebe und Dein Glück sein. Stelle Dich dazu einfach morgens nach dem Aufwachen vor den Spiegel und spreche Dir gut zu, so, wie Du mit Deinem besten Freund reden würdest. Wichtig dabei ist eine positive Formulierung und dass du Dich wohl damit fühlst. Wenn Du möchtest, kannst Du auch Deine „Schönheitsjoker" mit einbauen.

BEISPIELSÄTZE:

Hey, guten Morgen, Geschenk.

Ich bin, wie ich bin; und das ist gut so!

Ich bin ein wertvoller Mensch!

Ich bin einzigartig!

Ich mag mich!

Ich bin wundervoll!

Ich liebe und werde geliebt!

Ich bin genug!

Zum Glück darf ich sein, so wie ich bin!

Heute mag ich meine _____!

Womöglich kommt es Dir am Anfang etwas seltsam vor, Dir laut zu zusprechen, vielleicht bist Du auch mehr ein visueller Mensch. Du kannst Dir die Affirmationen ebenso nur im Kopf behalten oder Dir selbst kleine Botschaften hinterlassen. Ein kleiner Zettel auf Deinem Nachttisch mit einem „Du bist wundervoll!", ist auch schön. Oder schreibe Dir Deinen Satz auf den Spiegel, ein Post-It fürs Auto, ein Blatt für die Innenseite Deiner Tür.

Sei kreativ und nutze Deine Sichtweite!

GLÜCK IN
VERBINDUNG

Ich möchte Dir gerne von meiner Nachbarin erzählen. Nein, sie ist nicht von dieser meckernden, neugierigen Sorte, sondern sehr ruhig, leise und zurückgezogen. Ich wusste, dass meine ältere Nachbarin von Geburt an gehörlos ist und die Worte von den Lippen abliest. Daher versuchte ich immer, meinen Gruß besonders langsam und groß zu sprechen. Ich kam mir dabei zwar stets etwas affig vor, aber egal. Es war ja immer nur ein »Guten Morgen« oder »Guten Tag«.

Wir lebten bestimmt drei Jahre Haus an Haus, bevor wir uns wirklich kennenlernten. Ich las eine Stellenanzeige. Gesucht wurde eine Haushaltshilfe beziehungsweise jemand, der den Rasen schneidet und Holz für den Kamin bereitstellt. Damals ahnte ich noch nicht, welches Feuer ich entfachen würde und das nicht nur im Kamin. Ich bewarb mich und es stellte sich heraus, dass es sich um meine Nachbarin handelte. ›Perfekt‹, dachte ich, direkt nebenan.

Zum Vorstellungsgespräch erschien auch ein Betreuer ihrer Taseseinrichtung. Diese besuchte sie einmal in der Woche, immer freitags. Das war alles, was sie sich an sozialen Kontakten gönnte. Ansonsten saß sie in ihrer Stille ganz allein in ihrem Haus.

Jetzt kam ich zur Tür hereingeschneit und brachte eine geballte Ladung Leben mit. Ich wienerte ihren Boden, wischte Staub, kehrte den Hof und kümmerte mich ums Brennholz. Immer wenn ich fertig war, bot sie mir etwas zu trinken an, was ich jedoch stets ausschlug. Ich dachte, diese Einladung am Ende gebot ihr lediglich der Anstand.

Irgendwie hatte ich den Eindruck, dass sie die Gesellschaft, meine Gesellschaft, nicht unbedingt schätzte. Sie schien mir, mit Menschen nicht so gut zu können. Wie weit ich mit dieser Einschätzung daneben lag, sollte ich noch erfahren. Wochen und Monate vergingen. Ich weiß noch, dass ich mich manchmal fragte, was ich hier eigentlich mache. Ihr fiel immer etwas Neues ein, das ich noch nicht erledigt hatte. Manchmal ärgerte mich ihre Kleinlichkeit sogar. Vor allem dann, wenn sie mich dabei beobachtete, wie ich den nicht vorhandenen Staub von ihren kleinen Teetassen mit Goldrand wischte. Irgendwann machte ich mir aber einfach keine großen Gedanken mehr darüber. Ich überlegte nicht mehr, ob ihr meine Arbeit vielleicht nicht ordentlich genug war. Ich erledigte alles, ohne groß zu hinterfragen. Von Mal zu Mal, wenn ich zu ihr kam, merkte ich, wie sie gesprächiger wurde. Sie öffnete sich. Eines Tages, am Ende meiner Tätigkeit, bot sie mir wieder etwas zu trinken an. Diesmal ging ich auf ihre Einladung ein. So saß ich da nun mit dieser alten, leisen Dame in ihrer Küche. Ich nippte an meinem Glas mit gelber Limo und wusste nicht, was ich mit ihr sprechen sollte. Der Geruch, die Atmosphäre jedoch katapultierten mich gedanklich an den Küchentisch meiner Oma. Es war ein sehr schönes Gefühl. Irgendwie entstand in diesem Moment eine Verbindung. Ich fragte mich, wie sie das mit dem Lippenlesen macht. Erst recht, wie sie sprechen kann, ohne ihre eigene Stimme zu hören. Gedacht, gesagt und schon brüllte ich ihr meine Frage entgegen, viel zu laut. Es scheint so ein Phänomen zu sein, wenn man weiß, jemand hört nicht gut, dann wird man selbst automatisch lauter. »WIE KANNST DU SPRECHEN?«. Ich erschrak in der ersten Sekunde über die Lautstärke meiner eigenen Stimme in der Stille. Sie störte es natürlich nicht. Mehr noch: Sie freute sich sichtlich über mein ehrliches Interesse. Diese mir bisher sehr zurückgezogene, manchmal auch grimmig wirkende Frau verwandelte sich vor meinen Augen plötzlich in ein ganz anderes Wesen. Sie blühte auf! Sie erklärte mir sehr gesten- und wortreich, wie sie gelernt hat zu sprechen. Von einem auf den anderen Moment saßen wir da, lachten und machten Sprachübungen zusammen - was für ein Spaß! Es schien, als wäre ein böser Zauber gebrochen. Von diesem Tag an begrüßte sie mich bereits von Weitem mit einem Lachen im Gesicht. Von da an sprachen wir immer sehr viel. Oft kam cs auch vor, dass wir mehr plauderten, als dass ich irgendwelche Aufgaben erledigte.

Kurz vor Weihnachten geschah es dann: Sie verwandelte sich wieder etwas zurück zu der alten grimmigen Frau. Ich fragte mich zuerst, ob ich vielleicht etwas falsch gemacht hatte. Ich unterdrückte jedoch diesen Gedanken und sprach sie darauf an. Sie erzählte mir dann, dass sie die Weihnachtszeit eigentlich immer sehr geliebt hat. Nun aber nicht mehr.

Sie berichtete mir davon, wie gerne sie früher immer ihr ganzes Haus dekoriert hat. Nun aber nicht mehr. Besonders die kleinen Engel hatte sie immer gerne aufgehangen. Nun aber nicht mehr.

Ich fragte sie »Warum denn nicht?«. Sie zuckte mit den Schultern und meinte dann, ihre große Schachtel mit den Weihnachtssachen läge ganz oben auf dem Schrank, da käme sie nicht hin. Sie hatte Probleme mit dem Gehen. In die obere Etage schaffte sie es schon lange nicht mehr. Ich klopfte auf ihr Bein: »Na dann, ich hole sie dir herunter!«. Ich ignorierte beim Aufstehen ihre Einwände, sie würde die Sachen sowieso nicht aufhängen. Dennoch musste ich es tun!

Also holte ich ihre Sachen nach unten und stapelte die Weihnachtsdekoration auf den Esstisch. Ich strahlte sie an und sagte: »Ich stelle sie dir einfach hier hin. Wenn Du magst, hänge sie auf. Wenn nicht, räume ich sie dir nächste Woche wieder in den Schrank«.

So verabschiedete ich mich und ging. Tage verstrichen, eins, zwei, drei. Jeden Tag hielt ich Ausschau, ob nicht vielleicht doch plötzlich irgendwo an einem ihrer Fenster ein kleiner Engel hing. Nichts. Gegen Ende der Woche war ich mir ziemlich sicher, dass ich Morgen ihre Schachteln wieder unberührt auf den Schrank stellen würde. Dann geschah etwas, bei dem ich nur versuchen kann, es in Worte zu fassen. Ich erinnere mich noch sehr gut an diesen Abend.

Gerade ließ ich den Tag für mich ausklingen. Mittlerweile war es recht kalt geworden. Ich saß in eine dicke Jacke gehüllt draußen auf meiner Treppe. Neben mir dampfte der Rest von meinem Tee in der Tasse. Kleine Wolken stoben bei jedem Atemzug aus meinem Mund und an meinem Treppengeländer bildeten sich nach und nach kleine Eisblumen. Es war schon recht spät, fast Mitternacht und so langsam musste ich wirklich dringend in mein Bett. Ich trank den Rest meines Tees und sammelte ein paar Kleinigkeiten ein. Mein Blick erhob sich, schweifte noch einmal zum Küchenfenster des Nachbarhauses. Exakt in diesem Moment traute ich meinen Augen kaum! Genau in dieser Sekunde, als ich hinsah, leuchtete ihr Fenster bunt erhellt auf und in der Mitte davon thronte ein kleiner Engel! In dieser kalten Nacht spürte ich eine Wärme, die mir sofort die Tränen der Rührung in die Augen trieb. Was für andere in diesem Moment nur eine Lichterkette war, war für sie und auch für mich so viel mehr! Es war Hoffnung, Mut, Berührung - und es war Verbindung.

Es war ein Zeichen nach außen, sie selbst hob ihre Isolation auf. Diese enorme Kraft, die sich damit entwickelt hat, hätte ich mir zu Beginn nie träumen lassen. Auch heute noch ist es für meine Nachbarin und für mich ein ganz besonderer Moment, wenn sie ihre Weihnachtsbeleuchtung einschaltet.

ROLLENDER STEIN

Das Erstaunliche waren nicht ein paar bunte Lichter. Es war auch nicht nur dieser eine Moment. Der Schritt nach außen, das Unterbrechen der Isolation hat nicht nur im Herz und in der Seele gewirkt, sondern setzte eine ganze Reihe von Prozessen in Gang. Der Stein kam ins Rollen. Heute kann meine Nachbarin viel besser laufen, dank Physiotherapie außerhalb ihrer vier Wände. Sie schafft es mittlerweile sogar dreimal die Straße rauf und runter. Selbst der Gang zur Bushaltestelle ist für sie kein Problem mehr. Sie fährt nun sogar zweimal in der Woche zu ihrer Tagesstätte, um sich mit anderen auszutauschen, sich zu verbinden.

Kleine Dinge können alles verändern!

Manchmal braucht es nur jemanden, der uns eine verstaubte Schachtel vom Schrank holt.

Wir mögen vielleicht einzelne Wesen sein. Irgendwie wohnt jeder für sich auf seinem eigenen kleinen Stern. Wir sind aber nicht allein in der Galaxie. Unsere Existenz ist nicht isoliert, selbst wenn wir uns abschotten. Wir brauchen sogar Beziehungen, auch für unser Glück.

Wir benötigen sie für unser Herz, Geist und Seele!

GESUNDHEIT

Soziale Isolation wirkt sich massiv negativ auf unsere Gesundheit und unsere Entwicklung aus. Sie kann sogar tödlich sein!

Nicht umsonst ist in Gefängnissen die Isolationshaft die gefürchtetste Variante des Eingeschlossenseins. Ein besonders brutaler Beweis, dass Einsamkeit sogar tötet, findet sich in den so genannten Kaspar-Hauser-Versuchen. Laut den Erzählungen von Salimbene von Parma (Franziskaner/Historiker) ließ zum Beispiel Friedrich II. von Hohenstaufen auf der Suche nach der Ursprache, Säuglinge von Ammen pflegen und füttern, jedoch ohne, dass die Frauen ein Wort sprechen durften. Auch Nähe war streng verboten, es gab so gut wie keine Verbindung. Seine ersehnte Antwort erhielt der Herrscher so nicht, denn alle Kinder verstarben in kürzester Zeit. Man kann sagen: Die Kinder wurden zwar körperlich ernährt, aber das Grundnahrungsmittel der Seele fehlte: die Nähe zu anderen Menschen.

Beziehungen schaffen Glück!

GLÜCKSWORKOUT:
CONNECTION

Hast Du Lust, Dich mit mir auf den Weg zu Deinem Glück zu machen?

Zu tiefen, erfüllten und glücklichen Beziehungen?

Dazu möchte ich Dir gerne ein paar Anregungen und Übungen auf den Weg mitgeben.

VERBINDE DICH

Solltest Du Dich einsam fühlen, wenn Du über Deine sozialen Kontakte nachdenkst, perfekt!

Gefühlt und erkannt ist der erste Schritt aus der Isolation.

Hast Du vielleicht Interessen, ein Hobby?

Oder etwas, dass Du schon immer gerne getan hättest?

Hier verbirgt sich ein unglaublich schönes Potenzial, um anderen zu begegnen.

Was gibt es Besseres, als eine Leidenschaft zu teilen?!

Vielleicht wartet ja der nächste Billard- oder Tanz-Verein genau auf Dich ...

Heute ist der perfekte Zeitpunkt, sich darüber Gedanken zu machen.

Schreibe Deine Interessen bitte auf.

Hier sind ein paar Zeilen für Dich:

_____

_____

_____

_____

_____

_____

Jetzt hast Du einen kleinen Rahmen.

Nutze ihn, um gezielt nach Freizeitaktivitäten zu suchen, die Deinen Interessen entsprechen.

FÜHLE DAS BAND

Ich möchte Dich bitten, Dir einen kleinen Moment Zeit zu nehmen.

Zeit für Deine höchst persönlichen, eigenen Glücksmomente!

Frage Dich selbst, wann war ICH am glücklichsten?

Wenn Du magst, lehne Dich zurück und schließe Deine Augen dabei.

Versuche, Dir Deine ultimativen Glücksmomente so detailliert wie möglich ins Gedächtnis zu rufen. Nimm Dir so viel Zeit, wie Du möchtest. Es kann ganz schön überraschend sein, was einem da alles in den Sinn kommt.

Gönne es Dir, ein wenig in Deinem Glück vergangener Tage zu baden.

Nun beantworte Dir selbst diese Frage: »Warst Du in den Glücksmomenten Deines Lebens allein?« Ich bin mir ziemlich sicher, dass in der Mehrzahl Deiner großen Momente andere Menschen eine wichtige Rolle gespielt haben!

Im Zuge meiner Recherche für dieses Buch habe ich viele Leute genau dazu befragt. Alle, absolut alle, erlebten ihre tiefen Momente des Glücks vorrangig zusammen mit anderen Menschen.

Wenn Du möchtest, kannst Du mir gerne Deine Erfahrung zu dieser Übung schildern. Ich freue mich darüber! Meine Kontaktmöglichkeiten findest Du am Ende dieses Buches.

Ich finde, diese Übung ist eine wunderbare Möglichkeit, die Stärke des Bandes zu fühlen, das wir zu anderen geknüpft haben. Sie lässt Dich aber nicht nur nachspüren, wie wichtig zwischenmenschliche Beziehungen sind. Sie kann auch wie eine Schatzkiste sein: geöffnet an grauen Tagen, ein Wiedererleben Deiner tollsten Momente - unbezahlbar!

Deine Zaubermomente kannst Du Dir aber noch viel greifbarer und spürbarer machen.

Lust darauf? Dann nimm Dir ein Glas mit Deckel, eine Box oder ein anderes Behältnis.

Schreibe von jetzt an jeden schönen, lustigen, verrückten Moment auf. Jedes Erlebnis, das Dich strahlen lässt, zählt! Sieh zu, wie Dein Erlebnisschatz wächst. Es macht so einen wahnsinnigen Spaß, nach ein paar Monaten oder einem Jahr diese Momente in die Hand zu nehmen und sie beim Lesen wieder zu erleben.

GLÜCKLICH IN LIEBE UND FREUNDSCHAFT

WALK OF FAME?

Wenn man von Liebe spricht, denken die meisten Menschen sofort an eine superromantische Beziehung als Liebespaar. Ich finde das jedoch zu eng gedacht. Jede Beziehung sollte eine in Liebe sein, nicht nur die romantische. Deshalb präsentiere ich Dir an dieser Stelle jetzt nicht

die perfekte Liebesgeschichte, das können Filmproduzenten besser als ich.

Denke auch daran, dass die Hollywoodliebe mit ihren Schmetterlingen im emotionalen Höhenflug verfliegt. Liebesmärchen enden meist genau da, wo das Leben beginnt und die gemeinsame Liebe erst anfängt zu wachsen und sie verändert sich auch mit der Zeit. Mitunter fühlt sich diese Veränderung nicht immer so schön an, denn, wenn wir feststellen, dass „der Lack ab ist" und der Alltag Programm wird, vermissen wir die Kennenlernphase mit ihren Pauken und Trompeten.

Doch haargenau an dieser Stelle versteckt sich unglaublich großes Potenzial!

Wie bei der Metamorphose der Raupe können sich genau dann unsere Beziehungen in wunderschöne und echte Verbindungen verwandeln. Das passiert jedoch nicht von allein: Glückliche Liebesbeziehungen sind eine Mischung aus Herz, Entscheidung und Arbeit.

Wahrhaft tiefe Liebe fordert Dich heraus! Sie bringt Dich sogar dazu, Deine unangenehmen Stellen zu beleuchten; das ist oft nicht einfach. Wenn jedoch unsere Verbindungen auf Entscheidung und Hingabe beruhen und wir bereit sind zur emotionalen Arbeit, flattert auch nach langer Zeit immer wieder ein Schmetterling herbei.

BEZIEHUNGS-REGENBOGEN

Jede Art von Beziehung und Freundschaft, alle Verbindungen, die das Herz berühren, sind eine Form von Liebe. Jede für sich ist wie ein Regenbogen: individuell, einmalig, mit vielen Ebenen und bunten Farben. Kein Beziehungs-Regenbogen ist wie der andere. Jedoch haben alle etwas gemeinsam. Alle Verbindungen überdauern langfristig nur durch Zusammenarbeit. Tiefe Beziehungen in Liebe stützen, nähren und bereichern uns in Wechselwirkung und sie wollen gepflegt werden.

Liebe, Freundschaft und tiefe Beziehungen lassen sich gut erkennen: Menschen, die lieben, …

… geben Zeit, Aufmerksamkeit und Taten.

… drücken sich in Geduld und Freundlichkeit aus.

… zeigen gegenseitiges Interesse und Unterstützung.

… sind einander zugewandt und gehen aufeinander ein.

… geben Anerkennung und Wertschätzung, auch ohne eine Gegenleistung zu erwarten.

… sie sind gütig.

… üben Akzeptanz und Verständnis in beide Richtungen.

Es ist unglaublich wichtig, dass Du Deine Verbindungsschätze erkennst, denn nicht jeder Mensch ist Dein Freund.

GUTE WAHL!

(Eine kleine Erzählung von Adrian Langenscheid)

Ich muss beim Thema Freundschaft immer an die Authentizität meiner Frau denken.

Eine Zeit lang trafen wir uns mit ein paar anderen zu einer Kleingruppe, um über unseren gemeinsamen Glauben zu sprechen. Darüber hinaus gab es keinen engeren Kontakt. Irgendwann kamen wir an den Punkt, an dem sich die Frage stellte, ob wir uns weiterhin treffen wollten. Wir saßen alle gemütlich zusammen und überlegten, wie es weiter gehen könnte. Wir kamen dann auf die Idee, dass wir uns ja um der Freundschaft willen einmal im Monat weiterhin treffen könnten. Meine Frau lehnte sich zurück und meinte: »Wieso? Ihr seid nicht meine Freunde«. Sie sagte diesen Satz einfach so; nicht im Negativen oder Bösen. Es war eine simple Feststellung. Natürlich hätte sich jetzt mancher an dieser Stelle auch beleidigt zeigen können. Jedoch passierte dann etwas völlig anderes: Wir unterhielten uns darüber, was uns Freundschaft überhaupt bedeutet. Wann ist man jemandes Freund? Was macht eine Freundschaft aus? Wir stellten fest, dass es so viel mehr ist, als sich nur alle paar Wochen zu treffen.

Am Ende waren wir uns einig: Wir sind keine Freunde!

Durch diese Ehrlichkeit und Authentizität sind dann tatsächlich echte Freundschaften entstanden.

(Danke lieber Adrian, dass ich diese Geschichte hier verwenden durfte.)

Die Definition von Freundschaft beschreibt nicht nur die positive Beziehung zwischen zwei oder mehreren Menschen. Freunde sind neben der Familie oft die wichtigsten Personen in unserem Leben. Nicht von Geburt an, sondern weil wir sie auswählen. Da darfst auch Du wählerisch sein. Nicht jeder Mensch ist Dein Freund! Lass uns damit aufhören, uns unnötig in Beziehungen zu verstricken, die wir überhaupt nicht wollen, die uns oft sogar unglücklich machen. Behüte Dein Herz, damit Du mehr Zeit für echte Beziehungen mit Deinen Herzmenschen hast.

Lass uns ein paar Dinge klarstellen: Du bist nicht dafür zuständig, die Lücken, die Unwahrheiten anderer Menschen zu füllen. Du hast das Recht dazu, Dich von Personen zu trennen - vor allem, wenn sie Dich ausnutzen und missbrauchen. Du hast Anspruch auf glückliche zwischenmenschliche Beziehungen!

Es liegt in Deiner Hand, was Du fütterst: „schwarze Löcher" oder wahre Freundschaften.

Wahre tiefe Beziehungen und Freundschaften brauchen nicht nur Ehrlichkeit, sondern auch Balance. Kippt die

Waage in Richtung Einbahnstraße, raubt uns eine Verbindung unnötig Kraft, Energie und Zeit. Dann befinden wir uns im toxischen Bereich, dem Du den Rücken zuwenden darfst. Du kannst zwar nicht allen Menschen gnadenlos aus dem Weg gehen - blöd wird es nämlich, wenn es den eigenen Chef oder die Schwiegermutter betrifft. Auf wen wir treffen, können wir nicht vorhersagen.

Was Du aber sehr gut bestimmen kannst und unbedingt solltest, sind Menschen, die Deinen inneren Ring betreten dürfen: Dein Herz, Dein Innerstes, den Bereich, dem Du die meiste Liebe, Zeit und Aufmerksamkeit schenkst. Dieser ist reserviert für echte Beziehungen, Deine Herzmenschen. Die schwarzen Löcher sind im Weltall besser aufgehoben als in Deinem Herz.

WER DU WIRKLICH BIST, DER GRUNDSTEIN DEINER VERBINDUNGEN

Es ist Zeit für einen Mutausbruch. Bist Du bereit?

Ich möchte Dich darin bestärken, falsche Konventionen beiseitezulegen. Es gibt Menschen, die einfach nicht zu Dir passen und zu denen Du nicht passt. Das ist okay.

Du musst nicht „Everbody's Darling" sein. In erster Linie musst Du erst mal gar nichts, außer Du sein.

Denn....

... DU KANNST BESTIMMTEN MENSCHEN GENAU DAS GEBEN, WAS SIE BENÖTIGEN.

... DEINE ZEIT, AUFMERKSAMKEIT UND KRAFT IST WERTVOLL; TEILE SIE MIT MENSCHEN, DIE DICH SCHÄTZEN.

... DU BIST EIN WIRKLICH GUTER FREUND, WENN DU EIN WAHRHAFTIGER/AUTHENTISCHER FREUND BIST.

... DIE WELT BRAUCHT DICH GANZ GENAU SO, WIE DU BIST.

Um Du zu sein, darfst Du auch Nein sagen. Du musst es manchmal sogar!

Wenn Du Dir selbst treu sein möchtest, passiert es, dass die Erwartungen anderer nicht erfüllt werden können. Das ist in Ordnung so. Du bist ja nicht auf diese Welt gekommen, um den Erwartungsclown zu spielen, sondern um Du zu sein.

Nur durch Authentizität sind echte Beziehungen überhaupt erst möglich.

Es gibt keinen besseren Nährboden für glückliche Beziehungen, für ein glückliches Leben, als wenn wir echt sind. Be-ziehung bezieht sich nun einmal aufeinander und da gehörst Du in Deiner Reinform ganz einfach dazu. So wie Du bist, fühlst und denkst!

Alles andere wäre Betrug an Dir selbst und auch an dem anderen.

Wer sich immer verstecken muss, jemand anderes Sein muss, stellt sich die Frage, ob DU und Dein wahres ICH überhaupt in der Beziehung gewollt sind. Keine Sorge, es gibt über 7 Milliarden Menschen auf dieser Welt. Du wärst überrascht, wie viele es sind, die Dich genauso wertschätzen und brauchen, wie Du bist! Sei die wahrhaftigste Version Deiner selbst!

Glücksworkout:
Deep Relationship

Gerade bei langjährigen Beziehungen versteckt sich der Kern dieser Verbindung unter dem Staub der Selbstverständlichkeit. Jetzt wird abgeklopft!

Mit folgender Übung schärfst Du den Blick für Deine Beziehungsbasis und deren Potenzial.

Stelle Dir dazu bitte folgende Fragen:

Wo bietet Dir diese Beziehung die Zeit und Aufmerksamkeit, die Du benötigst?

Welche Taten gibt Dir diese Beziehung?

_____

_____

_____

_____

Wo ist Deine Beziehung geduldig?

_____

_____

_____

_____

Ist diese Beziehung freundlich zu Dir?

_____

_____

_____

_____

Wo fühlst Du Interesse und Unterstützung für Dich?

_____

_____

_____

_____

Wie geht diese Beziehung auf Dich ein?

_____

_____

_____

_____

Wann spürst Du Anerkennung & Wertschätzung in deiner Beziehung?

_____

_____

_____

_____

In welchen Bereichen fühlst Du Dich in Deiner Beziehung akzeptiert und verstanden?

_____

_____

_____

_____

Da Beziehung als Einbahnstraße niemals funktioniert, stelle Dir die Fragen auch im Umkehrschluss:

Wo gibst Du dieser Beziehung Zeit und Aufmerksamkeit?

_____

_____

_____

_____

Was tust Du konkret für diese Beziehung?

_____

_____

_____

_____

Wo gibst Du dieser Beziehung Geduld?

_____

_____

_____

_____

Wie zeigst Du Freundlichkeit in dieser Beziehung?

_____

_____

_____

_____

Wie zeigst Du Dein Interesse und Deine Unterstützung in dieser Beziehung?

_____

_____

_____

_____

Wo gehst Du auf diese Beziehung besonders ein?

_____

_____

_____

_____

Wie zeigst Du Anerkennung & Wertschätzung in Deiner Beziehung?

_____

_____

_____

_____

In welchen Bereichen vermittelst Du in dieser Beziehung Akzeptanz und Verständnis?

_____

_____

_____

_____

TOXIC RELATIONSHIPS

Sind wir mal ehrlich: Die besten und wichtigsten Dinge im Leben sind nicht nur „for free",

sondern auch ganz leicht. Wir machen es uns nur zu kompliziert!

Ich weiß, in manche Beziehung hast Du schon sehr viel Zeit und Engagement gesteckt. In guten wie in schlechten Zeiten eben.

Das klingt so schön beständig; voll und ganz im Geben und Nehmen. Trifft das aber zu?

Einfach gesagt. <u>Betrachte Deine Beziehungen auf Zeit:</u>

Ist sie auf die gesamte Zeit gesehen mehr gut oder mehr schlecht?

Gibt Dir diese Beziehung Energie, oder nimmt sie sie Dir?

Darfst Du ehrlich NEIN sagen und wirst trotzdem gemocht?

Mit dieser einfachen Fragestellung kannst Du schon sehr schnell ein besseres Gefühl dafür bekommen, ob sich eine Deiner Beziehungen eher im glücklichen Bereich befindet

oder ob Du „schwarze Löcher" fütterst.

AUTHENTIZITÄT

Schluss mit dem Maskenball!

Damit andere Dich wirklich sehen können, musst Du Dich zeigen.

Vielleicht gehörst Du ja zu den Menschen, die bisher schlecht Nein sagen konnten.

Lass uns das üben:

Betrachte Dich bitte mal als Beobachter Deiner selbst im Umgang mit anderen.

Sagst Du klar, was Du möchtest und was nicht?

Traust Du Dich, Nein zu sagen?

Suche Dir gezielt die Sätze aus, bei denen Du gerade mit dem Kopf geschüttelt hast.

Ich weiß, da sind welche.

Versuche bei nächster Gelegenheit genau in solchen Momenten, mal nicht einfach ein »Ja klar« über Deine Lippen huschen zu lassen, sondern den Weg zu wählen, der Dir und Deinem Gefühl wirklich entspricht. Ein paar Beispiele gefällig?

Nein, darauf habe ich keinen Bock!

Ich möchte das nicht!

Das finde ich blöd!

Du wirst sehr schnell merken, dass die Welt gar nicht unter geht, wenn Du Nein sagst!

Lass uns nun noch etwas mutiger werden!

Sage klar, was Du möchtest:

Ich möchte gerne _____

_____

_____ .

Ich habe Bock auf _____

_____

_____ .

Ich fände es großartig, wenn _____

_____

_____ .

Auch wenn sich das für Dich vielleicht etwas ungewohnt anfühlt, habe keine Angst davor.

Das Schlimmste, das Dir passieren kann, ist, dass Du genau die Menschen in Dein Leben ziehst, die Dich exakt so lieben wie Du bist!

GLÜCK IN AUFGABEN

Manche Menschen begleiten uns ein Leben lang. Phasenweise sieht man sich seltener, aber wenn man sich wieder trifft, kann man genau dort weiter machen, wo man aufgehört hatte.

Kennst Du das? Genau so erging es mir mit meinem Freund Pierre.

Wir kannten uns schon viele lange Jahre. Er war seit jeher eine Frohnatur. Ja, sogar eine Art Pausenclown … und nicht nur das: Wenn ich jemanden nennen sollte, der in dem dicksten Eimer Scheiße immer noch einen Diamanten findet, hätte ich Pierre genannt. Ich erinnere mich, als wäre es erst gestern gewesen: Wir waren Teenager, aufgepumpt voller Endorphine, als wir von einem Taxifahrer mitten in der Walachei aus dem Auto befördert wurden. Wir hatten es schlicht übertrieben. Die Situation war mehr als hässlich. Wir hatten keinen Cent mehr einstecken und durch den wutentbrannten Abgang des Taxifahrers waren wir auch unsere Jacken los. Es schüttete in Strömen, es war arschkalt und die Heimat mehrere Kilometer weit entfernt. Mir war zum Heulen zu Mute. Plötzlich fing Pierre an zu lachen. Er lachte und lachte, die Hände hinter dem Rücken versteckt. Ich wollte wissen, was genau denn gerade so lustig sei. Er stand auf, räusperte sich und verkündete fast feierlich »Er mag vielleicht unsere Jacken haben und wir stehen hier in dunkelster Nacht, äh mitten im nirgendwo. Aber diese zwei „Leberkäsweck", die hat er nicht bekommen!«. Mit diesen Worten hielt er mir unseren Proviant unter die Nase! Und tatsächlich, diese zwei Brötchen halfen uns bei unserem nächtlichen Marsch nach Hause. Pierre fand ganz einfach immer etwas Positives! Diese Art Mensch war also mein Freund.

Dementsprechend groß war jedes Mal die Freude, wenn wir uns wiedersahen.

Es war im Wonnemonat Mai, mein letzter Urlaubstag. Was ich mir vorgenommen hatte, war erledigt und so schlenderte ich gut gelaunt durch die Fußgängerzone der Altstadt, als ich auf Pierre traf. Wir freuten uns beide riesig; es gab viel zu erzählen. Jedoch war diesmal etwas anders, das spürte ich vom ersten Augenblick an. Ich konnte nur nicht gleich sagen, was es war … Beide hatten wir Zeit und so setzten wir uns in ein kleines Straßencafé. Die Sonne schien, Tauben gurrten um einen Brunnen in der Nähe und der Cappuccino schmeckte fantastisch. Alles in allem war es eine Stimmung zum Seele baumeln lassen, und das noch mit einem Freund. Perfekt, eigentlich.

Dann erzählte Pierre, was sich bei ihm alles in den letzten Jahren ereignet hatte:

Er berichtete davon, dass er und seine Frau sich scheiden gelassen hatten, schon vor drei Jahren. Er sagte mir, dass es ihnen beiden sehr gut damit ginge und sie nun in der Tat so etwas wie beste Freunde seien. Die Art, wie er darüber sprach, ließ keinen Zweifel, dass beide das offensichtlich sehr gut hinbekamen. Seine Kinder waren mittlerweile erwachsen und führten ihr eigenes Leben, da musste er sich nicht mehr groß kümmern. Überhaupt schien er ein sehr angenehmes und ausgeglichenes Leben zu führen - auf den ersten Blick. Seine Arbeit machte ihm Spaß, er verdiente auch gutes Geld damit. Er hatte sich ein neues Haus gekauft und alles ganz nach seinen Wünschen eingerichtet. Ebenso erfreute er sich bester Gesundheit. Aber etwas anderes schien ihn sehr zu belasten. Er berichtete mir davon, dass er einige Menschen in seinem Leben habe, die ihm nahestanden, die sich um ihn kümmern würden, sich dafür interessieren, wie es ihm ginge. Sogar eine neue Partnerin hatte er an seiner Seite, mit der er sich sehr wohl und geliebt fühlte. Dennoch könne er nicht mehr so eine Freude empfinden, wie es früher einmal war. Er fühlte sich leer. Das klang so fremd und verrückt für mich und es war auch genau das, was mir vom ersten Moment an bei ihm auffiel. Er war sehr weit entfernt „vom Glücklichsein" und das kannte ich so gar nicht von ihm.

Er hatte also alles, was sich viele andere Menschen wünschen würden. Und dennoch war er nicht glücklich? Das sah ihm gar nicht ähnlich und ich musste die ganze Zeit darüber nachdenken. Überhaupt, während des ganzen Gespräches schien mir mein alter Freund sehr darauf fixiert zu sein, was das Leben ihm alles geben würde. Wo das Leben ihm gut zu spielt und wer sich wie und wann um ihm kümmern würde. Ganz automatisch formte sich eine Frage in meinem Kopf, die dann mitten im Gespräch über meine Lippen glitt: »Und um was kümmerst Du Dich?«

Pierre schaute mich wie vom Donner getroffen an und ich wünschte einen Moment, ich hätte die Frage besser nicht gestellt. Wir schwiegen, sein Blick schweifte aus dem Fenster. Er überlegte: »Meine Liebe, das ist eine sehr starke Frage und ich muss dir ehrlich sagen, dass ich sie nicht so einfach beantworten kann. Darüber muss ich erst mal nachdenken …«

Wir tranken unseren Kaffee aus, tauschten die aktuellen Telefonnummern und verabschiedeten uns. Mein Kumpel ging mir mehrere Tage mit seiner Reaktion nicht mehr aus dem Kopf. Hatte ich den Kern etwa so sehr getroffen? Oder hatte ich ihn womöglich sogar damit verletzt? Möglich war es. Erst wollte ich ihn anrufen, dann entschied ich mich jedoch dafür, ihn auf mich zukommen zu lassen. Wochen und Monate vergingen, fast hatte ich das Wiedersehen schon in die hinterste Ecke meiner Gedanken geschoben. Bis ich einen Anruf von Pierre erhielt. Er erzählte mir, dass ihn die Frage wirklich sehr lange beschäftigt hat. Er dankte mir geradezu euphorisch dafür. Mir fiel ein Stein vom Herzen! Er berichtete davon, was sich alles seitdem verändert hatte. In der Tat war es diese Leere, das fehlende Gefühl, sich kümmern zu können, gebraucht zu werden, etwas, welches er zu diesem Zeitpunkt sehr vermisst hatte. Man kann sagen, er hatte zwar ein rundum harmonisches Leben, aber zum Glücklichsein bedarf es mehrerer Säulen. Vor allem auch einen Fixstern, einen Sinn.

Als mein Freund das für sich herausfand, entschied er sich dafür, eine ehrenamtliche Tätigkeit anzunehmen. Da Fußball schon immer seine Leidenschaft war, trainierte er zwischenzeitlich Kinder im ortsansässigen Fußballverein in seiner Freizeit. Er berichtete mir, wie sehr ihn das erfüllte, welchen Spaß er dabei habe. Die Leidenschaft und Freude, die aus seinen Erzählungen sprühte, waren phänomenal. Ich selbst war glücklicher denn je, dass wir uns an diesem Tag getroffen hatten.

AUFGABEN ER-FÜLLEN

Das schönste Glas nützt nichts, wenn es leer ist.

Das reine Streben nach Glück ist oft wie ein Haschen nach dem Wind. Glücksmomente kommen und gehen. Bei allem Suchen, planen und Aufbauen unserer Realität ist es absolut wichtig, unserem Leben eine sinnvolle Tätigkeit zu geben, um es mit einem übergeordneten Ziel zu bereichern. Etwas, das unser Glas mit einem tiefen Sinn füllt und damit auch mit Freude. So schadet eine Windstille oder Planänderung nicht, denn ein Fixstern gibt unglaublichen Aufwind. Leider sind wir nur manchmal zu sehr darauf fixiert, was das Leben für uns tun kann, sodass wir vergessen, uns zu fragen, was wir für das Leben tun können.

Wir alle haben das Bedürfnis, etwas geben zu wollen, eine Wirkung zu haben.

Fakt ist: Ohne eine Aufgabe, die Dich sinnhaft erfüllt, verpufft Deine Energie ungelebt ins Nirwana – und das wäre doch wirklich sehr schade!

Besonders spürbar wird das in bestimmten Lebensphasen: Für Mütter, die ihre ganze Sinnhaftigkeit auf die Kindererziehung gestützt haben, kommt dieser Punkt oft beim Auszug ihres jüngsten Sprosses. Für Männer kann das auch der Eintritt in den Ruhestand sein, wenn die Arbeit über Jahrzehnte den Hauptsinn im Leben ausgemacht hat. Selbstverständlich sind das nur vereinfachte Beispiele, die heutige Rollenverteilung hat ihre ganz eigene Dynamik. Es gibt unzählig viele Möglichkeiten und Phasen im Leben, in denen uns der Sinn abhandenkommt.

Oder uns etwas nicht mehr erfüllt …

Wichtig ist es dann, sich den eigenen Sinn erneut bewusst zu machen und sich gegebenenfalls nach den eigenen Möglichkeiten neu auszurichten. Es lohnt sich!

Vielleicht reite ich Dir gefühlt gerade etwas viel auf dem Thema herum, aber sei Dir gewiss, dass uns Menschen die Frage nach dem Sinn ganz einfach von Kindesbeinen an in den Knochen steckt. Eines der ersten Worte, die ein Kind sprechen kann, ist „Warum?".

Mit dieser Frage möchte schon das kleinste Kind erfahren, welchen Sinn etwas ergibt, welche Wirkung es selbst hat. Das ändert sich auch nicht, wenn wir älter werden. Deshalb kann ich gar nicht oft genug betonen, wie enorm wichtig der Sinn für unser Glück ist!

Auch für unsere Freizeitgestaltung ist es ausschlaggebend. Gerade dann, wenn man im ausgeübten Beruf vielleicht nicht ausreichend tiefe Sinnhaftigkeit erfährt. Der Gehaltszettel am Ende des Monats nährt eben hauptsächlich das Äußere. Er macht das Glas schön, aber es füllt nur bedingt mit Sinn. Natürlich wird jemand mit einem Sozialberuf seinen Arbeitssinn ganz anders erleben als jemand, der zum Beispiel jeden Tag die gleichen Zahlen jongliert. Für einen Buchhalter kann es sehr sinnhaft sein, sich in der Jugendarbeit zu engagieren, für eine Kindergärtnerin muss es das nicht. Wichtig ist für Dich, dass Du Deinem Leben irgendeine Form von Sinnhaftigkeit schenkst. Wie auch immer das für Dich aussehen mag. Tatsache ist, dass Menschen, die Selbstwirksamkeit in ihrem Tun erfahren, eine ganz andere Motivation, Freude und Lust an ihrem Leben und Handeln empfinden. Sie laufen auch nicht so schnell leer. Fehlt uns aber der Sinn im Leben, wird es eng.

Dann stellen wir uns allzu oft die Frage: Wozu tue ich das alles?

Dann bekommen wir schnell das Gefühl, sowieso nichts bewirken zu können.

Ohne erlebten Sinn im Leben können wir sogar mental krank werden!

Erfülle und prüfe Deine Sinnhaftigkeit für DICH, für DEIN Glück!

Aber wie findest Du denn Deinen Sinn?

GRUNDBEDÜRFNISSE DES SINNS

Glaubt man der Selbstbestimmungstheorie* von Richard M. Ryan und Edward L. Deci, dann gibt es recht einfache Parameter, die erfüllt werden wollen, um etwas als sinnstiftend zu empfinden. Die Theorie besagt, dass für die psychologische Gesundheit und um Sinnhaftigkeit überhaupt erleben zu können, bestimmte Grundbedürfnisse besonders wichtig sind. Sie besagt, Sinn findest Du, wenn drei Dinge erfüllt sind: Bindung, Kompetenz und Autonomie.

BINDUNG

Wir wollen dazugehören und in einer bestimmten Gruppe bedeutend für andere sein. Pierre ist zum Beispiel nun als Trainer bedeutender Bestandteil seines Sportvereins. Seine Fußballkids rennen ihm schon entgegen, wenn er den Sportplatz betritt, und er konnte ihnen zu einigen Erfolgserlebnissen verhelfen. Unter Bindungsbedürfnis wird nicht nur die Bedeutung von anderen ins Auge gefasst, sondern vor allem auch, welche Bedeutung habe ICH für andere! Bedeute ich jemand anderem etwas?

KOMPETENZ

Wir wollen mitgestalten. Unter Kompetenz wird das Gefühl verstanden, effektiv auf die Dinge einwirken zu können, die wir selbst als wichtig erachten. Pierre hat die Möglichkeit, hier mitzugestalten. Dabei geht es nicht darum, unbedingt die nächsten Topfußballer hervorzubringen oder jedes Spiel zu gewinnen. Ihm geht es darum, aktiv auf das Geschehen einwirken zu können.

AUTONOMIE

Wir wollen freiwillig mitwirken oder Freiheit gewinnen. Pierre engagiert sich in seinem Verein aus freien Stücken, weil es IHM Spaß macht. Autonomie bezeichnet genau das Gefühl der Freiwilligkeit und Unabhängigkeit. Pierre macht sein Ehrenamt freiwillig und kann jederzeit bestimmen, ob er mehr oder weniger mitgestaltet.

Sind diese drei Grundbedürfnisse nicht hinreichend erfüllt, sehen wir keinen Sinn in dem, was wir tun – und ohne Sinn im Leben können wir nicht wahrhaft glücklich sein!

Jeder Mensch hat in der Gewichtung dieser Grundbedürfnisse wahrscheinlich sein eigenes Prioritätsempfinden, jedoch gilt die Notwendigkeit der Erfüllung dieser drei Säulen sogar als kulturübergreifend. Das heißt: Unabhängig davon, ob du in Afrika, Asien oder am hintersten Winkel der Erde wohnst, ob du schwarz, weiß, intelligent, groß, klein, arm oder reich bist; jeder Mensch auf dieser Erde hat das Bedürfnis nach Bindung, Kompetenz und Autonomie!

Für die meisten Menschen dürfte die Bindung am stärksten wirken, danach die Kompetenz und abschließend die Autonomie. Damit wird auch klar, warum es trotz schlechter Bezahlung (Autonomie) dennoch so viele Menschen gibt, die Erfüllung in sozialen Berufen oder in ehrenamtlichen Tätigkeiten finden. Man mag mit einer Arbeit im sozialen Sektor oft nicht besonders viel Geld verdienen, aber man bekommt etwas viel Wichtigeres als viel Geld.

Hier ist die Verbundenheit zu anderen Menschen (Bindung) und die Wertschätzung, dem Gefühl, etwas Wichtiges bewirken zu können (Kompetenz), sehr stark ausgeprägt. Die Bindung und das Kompetenzerleben geben so viel Sinnhaftigkeit, um aller Umstände zum Trotz tiefe Freude an der Aufgabe zu empfinden.

Sie machen Sinn, andernfalls würde sich kaum jemand mehr in sozialen Berufen engagieren. Aufgaben müssen auch nicht gleich die ganze Welt verändern. Es reicht für

Dein Glücksempfinden vollkommen aus, wenn Du Dich als ein kleines Rädchen in einem großen Ganzen wiederfinden und erkennen kannst.

*Quelle zur Selbstbestimmungstheorie:

https://www.fachportal-paedagogik.de/literatur/vollanzeige.html?FId=250416

Glücksworkout:
Sinn in Aufgaben

Was meinst Du, bist Du bereit für Deinen Bedürfnis-Befriedigungs-Check, für Deinen Sinn?

Keine Angst, ich verlange von Dir jetzt nicht, Deine Arbeit niederzulegen, um barfuß und für lau die Welt im Alleingang zu retten. Auch kleine Dinge beflügeln Deinen Sinn.

Hier geht es um eine Aufgabe, die Dir und der Welt um Dich herum etwas gibt:

Bindung.

Es geht um einen Wirkungskreis ganz nach Deinen Möglichkeiten und Interessen: Kompetenz.

Es geht darum, wie Du Dich selbst einbringen kannst und es DIR Spaß macht:

Autonomie.

Es geht schlicht und einfach um eine schöne Bereicherung für Dein Leben!

Ich bin mir sicher, auch in Dir steckt noch so viel Sinn zum Erfahren!

DEN SINN ERLEBEN

Ganz gleich, ob Du nun Deinen Job, Deine Freizeit oder Zwischenmenschliches betrachten möchtest. Mit ein paar simplen Fragen kannst Du Deinen Wirkungskreis sehr gut ausleuchten.

Wo gehörst Du dazu?

Fühlst Du Dich an Deinem Arbeitsplatz/in Deiner Freizeit/in irgendeiner Gruppe oder Gesinnung zugehörig?

Kannst Du dort mitgestalten?

Welche Aufgabe würdest Du gerne übernehmen?

Bist Du in Deiner Arbeit, in Deiner Freizeit oder Deiner Gruppe freiwillig, oder gibt es Dir Autonomie?

Wie fühlst Du Dich beim Beantworten dieser Fragen? Ergeben Deine Antworten Sinn für Dich? Ich wünsche mir, dass die Antworten Dich erfüllen. Falls nicht, lass uns auf eine Suche gehen.

DEN SINN ERFINDEN

Noch suchst Du womöglich nach diesem Puzzleteil für einen tiefen Sinn.

Betrachte Dich bitte mal neugierig und offen.

> *Für was brennst Du?*
> *Was kannst Du gut, was macht Dir wirklich Spaß?*
> *Gibt es gesellschaftliche Themen, die Dich besonders interessieren?*
> *Wo würdest Du gerne dazu gehören und mitwirken?*

Notiere alles, was Dir dazu einfällt.

Es gibt so viele Vereine und Institutionen (Tierschutz, Naturschutz, Wohltätigkeit, und ähnliches), die händeringend nach engagierten Menschen suchen.

Und nun tue es, bringe Dich ein, da wo Du Dich wohlfühlst!

DEN SINN NEU BEWEGEN

Vielleicht hast Du auch schon eine Aufgabe für Dich gefunden, doch Du hast Deine Sinnhaftigkeit darin etwas aus den Augen verloren?

Wir Menschen neigen dazu, etwas zur Gewohnheit zu machen und dann als selbstverständlich anzunehmen, auch im eigenen Handeln. Auch wenn Dich eine Aufgabe nicht mehr erfüllt, gab es einen Grund, weshalb Du sie angenommen hast. Vielleicht ist der Sinn nur etwas eingeschlafen. Sollte dem so sein, kann es helfen, einfach die Stellschrauben Deiner drei Grundbedürfnisse etwas zu justieren.

> *Was kannst Du ändern?*
> *Fühlst Du Dich in Deiner Aufgabe verbunden mit anderen?*
> *Fühlst Du Dich dort wertgeschätzt und gebraucht?*
> *Tust Du das freiwillig oder überwiegt Dein Pflichtgefühl?*

Sollte es für Dich nicht möglich sein, auch nach der Fragestellung und einem Abwägen Deine Aufgabe wieder als erfüllend zu erleben, dann spricht natürlich nichts dagegen, Deine Fühler nach neuen Wirkungsmöglichkeiten auszustrecken.

GLÜCKLICH MIT DER VERGANGENHEIT

VON OPFERN UND ÜBERLEBENDEN

(Erzählung von Adrian Langenscheid)

In der Nähe von Haifa in Israel hatte ich 2004 die wunderbare Gelegenheit, zusammen mit einer Gruppe von jungen Musikern auf einer Friedenstour, ein Heim für Holocaust-Überlebende zu besuchen. Es waren viele Menschen dort. Die eintätowierten Nummern auf ihren Armen zwar halb verblasst, aber immer noch da, genauso wie die Erinnerungen.

Die Atmosphäre war freundlich und unsere Botschaft an diese Menschen klar: Deutschland ist nicht mehr so, wie es in eurer Erinnerung ist. Es tut uns leid!

Wir spielten unser Lied und verteilten im Anschluss daran Rosen. Eine Frau hielt mich besonders gefangen und ließ mich nicht mehr los. So saß ich ihr lange gegenüber, sie hielt meine Hand fest umschlossen.

Ich bin mir heute nicht mehr sicher, ob ich ihre Hand hielt, oder sie die meine, während Sie mir Ihre bewegende Geschichte erzählte: Sie berichtete mir von ihren Erlebnissen im Konzentrationslager. Davon, wie sie als vierzehnjähriges Mädchen ihre ganze Familie verlor und sie nach dem Krieg ganz allein war. Ihre Augen sprachen

Bände der Trauer. Der alte Schmerz, die Verzweiflung umgaben sie wie Nebelschwaden. Sie erzählte mir auch von einem Hauptmann, der sie alle als Schweine bezeichnet hatte: Mehr als Schweine wären sie alle nicht wert. Die ganze Zeit hielt sie meine Hand fest umgriffen und immer wieder schrie sie: »So was tut man doch nicht, so was tut man doch nicht!«

Es kam mir vor, als hielte ich nicht die Hand dieser alten, traurigen und verbitterten Frau, sondern die der Vierzehnjährigen von damals: gefangen in der Vergangenheit, immer noch tief verbunden mit ihren längst verstorbenen Peinigern, durchdrängt von Wut, Verbitterung und Verachtung, verflucht dazu, immer wieder die Demütigungen vergangener Tage Revue passieren zu lassen.

Es war dieser Moment, in dem mich ein glasklarer Gedanken ergriff: Wäre es dir nur gelungen zu vergeben, hättest du ein glückliches Leben haben können.

Das Mädchen von damals tat mir so leid. Ich hätte ihr so gerne geholfen, sie geschüttelt und gesagt: »Es ist geschehen. Es bleibt dir nichts anderes übrig als die Vergangenheit zu überwinden und die toten Peiniger loszulassen, damit du frei von den Schrecken und den Dämonen der Vergangenheit leben kannst.« Es ist diesem Mädchen offensichtlich nie gelungen. Ich schämte mich zuerst für diese Gedanken und wagte es nicht, ihn auszusprechen. Denn ich weiß nicht, ob ich selbst jemals über so etwas Schreckliches und so einer Ungerechtigkeit hinweggekommen wäre.

Aber als ich mich umsah, wusste ich: Vergebung ist möglich!

In den vielen Gesprächen mit den Menschen, die ich in diesem Heim kennenlernen durfte, spiegelte sich eines sehr deutlich: wie sehr die Entscheidung, Leid festzuhalten oder durch Vergebung loszulassen, unser Leben und Glücksempfinden beeinflusst. Alle hatten Ähnliches und Furchtbares erleben müssen, doch traf ich dort ebenso auf höchst zufriedene und sehr glückliche Menschen. Diese Menschen haben irgendwann eine Entscheidung getroffen. Sie haben entschieden, den negativen Erlebnissen nicht mehr den Raum zu gewähren, um ihr komplettes Leben, ihr ganzes Glück zu bestimmen. Und wenn diese Menschen das konnten, dann ist es auch für jeden anderen möglich, egal was ihm widerfahren ist.

Der Schlüssel heißt Vergebung. Trotz unermesslichem Leid katapultiert Dich Vergebung aus der Rolle des Opfers in die eines Überlebenden! Durch Vergebung trennst Du das unsichtbare Band, das Dich an Deinen Schuldner bindet. Mit Vergebung beschenkst Du in erster Linie Deine Seele mit Freiheit und Frieden.

(Danke lieber Adrian für diesen Gastbeitrag)

DIE ALARMSTUFE ROT

Du kennst sie bestimmt genauso gut wie ich.

Es passiert etwas, jemand verletzt Dich; Du bist enttäuscht, traurig, wütend, richtig sauer. Du kochst! Das ist okay für eine bestimmte Zeitspanne. Auf Dauer schadest Du aber nur Dir selbst. Alter Groll, Rache, Hass, Wut, all die Gefühle der Unvergebenheit wirken wie ein schleichendes Gift, verabreicht an Dich selbst, in der Hoffnung, der andere möge tot umfallen. Das ist alles, nur nicht lecker!

Natürlich ist Vergebung nicht einfach; es fliegt einem auch nicht mal eben zu. Vielmehr beginnt es mit einer Entscheidung, gefolgt von einem oft langen Prozess des Loslassens, der Geduld und Zeit fordert. Das ist ein erster Schritt in eine glücklichere Zukunft.

Wir alle haben unsere ganz Eigene, persönliche Leidensgeschichte, die Gott sei Dank meist keine Holocaustgeschichte ist.

Es müssen nicht die großen Tragödien des Lebens sein. Menschen verbittern oftmals über viel „kleinere" Dinge. Unter Umständen hat Dir in Deinem Leben einfach jemand gefehlt, der wirklich an Dich geglaubt hat. Vielleicht war es der Lehrer, der Dich als dumm bezeichnet hat. Die Familie, in der Du das schwarze Schaf warst, oder der Fremde, der Dir grundlos wehgetan hat. Der Vater, der Dich nie angenommen hat. Die Mutter, die in alles reinredet und Dir damit das Gefühl gibt, in Deinem Leben nicht klarzukommen. Oder es ist die Oma, der Bruder, der Dich bei dem Erbe nicht wertgeschätzt hat, …

Es spielt im Grunde keine Rolle, wer Dir etwas angetan hat. Der Punkt ist: Mit Unvergebenheit gibst Du diesen Menschen das Recht, Dich unglücklich zu halten. Oft sogar bis über deren Tod hinaus! Ohne Versöhnung bindest Du Dich innerlich an diese Person, mit der Du gar nichts zu tun haben willst. Möchtest Du das?

VERGEBUNG

Schon mal den Film „Good Will Hunting" gesehen?

Will Hunting, ein krimineller, misshandelter junger Mann, dargestellt von Matt Damon, wehrt sich in der hervorragend gespielten Schlüsselszene gegen die Aussagen des Psychologen Maguire. Dieser sagt ihm ganze neun Mal: »Du bist nicht schuld«.

Will reagiert erst gar nicht, dann antwortet er cool: »Ich weiß!« Er zeigt Verdrängung und schaut weg. Er kontert mit Drohungen und Aggressivität, bis er schlussendlich in Tränen ausbricht.

Das ist keine realitätsfremde Reaktion, sondern allzu menschlich. Manche Verletzungen sitzen so tief, dass sie uns gar nicht mehr bewusst sind. Damit wir unser Leben trotzdem noch auf die Reihe bekommen, sucht unser Verstand nach Überlebensstrategien.

Welche Wunden sind es bei Dir? Würdest Du das Buch nun gerne an die Wand schmeißen oder es einfach zur Seite legen? Findest Du meine Worte womöglich sogar lächerlich oder übertrieben?

Oder willst Du es wagen, Dir die Zeit zu nehmen, um Dir einige Fragen gegebenenfalls mehrmals zu stellen? Das kann wehtun wie eine eitrige Wunde, die geöffnet wird. Aber es ist heilsam. Wagt man den Schritt, dann ist Verzeihen gesund!

Darüber ist sich die Wissenschaft einig. Mittlerweile gibt es ganze Forschungszweige zum Thema Vergebung und Versöhnung. Studienergebnisse der amerikanischen Stan-

ford-Universität haben Erstaunliches gezeigt: Wer vergeben kann, lebt nicht nur psychisch, sondern auch körperlich gesünder! Wer vergibt, senkt deutlich den EIGENEN
Stress. Nachweislich reduzieren sich dadurch auch Angst-
gefühle und Stresssymptome wie Muskelverspannungen,
Kopf- und Magenschmerzen, sogar eine Senkung des
Blutdrucks ist möglich und der Schlaf profitiert auch davon.

Mit Vergebung entscheidest Du Dich für die Zukunft.
Grund genug, sich Gutes zu tun!

GLÜCKSWORKOUT:
YOUR STORY

Jetzt bist Du dran! Es ist der Zeitpunkt gekommen, an dem Du mal so richtig auf die Kacke hauen kannst.

Lass uns das Pflaster abreißen, damit die Wut, der Dreck raus fließen kann.

Such Dir einen ungestörten Ort im Wald, Deinem Keller oder wo auch immer für Dich in Ordnung ist. Wichtig ist, dass Du für Dich bist und niemand anderes das mitbekommt. Schreie alle Verletzungen aus Dir raus. So wie die Worte oder Laute aus Deinem Herz kommen, ist es absolut richtig. Beleidigungen, Flüche, alles ist erlaubt! Tobe Dich so lange aus, bis all die Wut draußen ist. Danach, wenn Du wieder etwas ruhiger bist, kannst Du Dir folgende Fragen beantworten:

Wer hat Dich mit was verletzt?

_____

_____

_____

_____

An welchen Verletzungen hältst Du fest?

_____

_____

_____

_____

Welche Verletzungen möchtest Du endlich gerne loswerden?

Wenn Du Deine Antworten
gefunden hast, nutze die Macht
der Worte.

Attestiere die Schuld. Schreibe einen Schuldschein mit allen Vergehen.

*Du*_____ *(Name)*

*hast mich verletzt, indem Du*_____*!*

*Du*_____ *(Name)*

*hast mir*_____*!*

Es hat mich unfassbar enttäuscht und traurig gemacht, dass

Du _____

*(Name)*_____*!*

Es hat mich scheiße wütend gemacht, dass Du

_____

*(Name), mich*_____*!*

Auch diese Fragen können ein kleiner Wegweiser sein:

Warum will ich nicht loslassen, was könnte der Nutzen sein?

Ist der Nutzen tatsächlich diesen Schmerz wert?

VERGEBE

Eine nützliche Fragestellung, um sich mit Vergebung anzufreunden, könnte dazu sein:

> *Muss ich jetzt wirklich für immer böse sein?*
> *War es wirklich so schlimm?*
> *Könnte es einen nachvollziehbaren Grund für das Fehlverhalten des anderen geben?*

Für Deine Entscheidung, ab heute diese Dinge zu vergeben, hilft es vielleicht, gezielt aufzuschreiben. Als Beispiel: »Du mit deinem Hintergrund, mit deiner Erfahrung, mit deiner Erziehung und mit deinem Leben, für dich war das vielleicht logisch. Mich hat das verletzt!

Für mich war das nicht in Ordnung und doch vergebe ich dir heute, hier und jetzt.«

Jetzt wird es brenzlig. Jetzt fackelst Du ab!

Ein kurzer Appell an Deinen gesunden Menschenverstand.

Wir wollen ja keinen Feuerwehreinsatz auslösen, also Safety First bitte!

Nimm den Schuldschein mit all den Dingen, die Du loswerden möchtest, und verbrenne ihn. Sieh dem Papier zu, wie es Feuer fängt, wie die Worte verschwinden, sich in Rauch auflösen.

Lass sie ziehen und fühle, wie die Flamme wärmt.

Stell Dir vor, wie es sich von jetzt an anfühlen wird, all das ziehen zu lassen.

Was kannst Du nun alles tun?

Wo fühlt sich Dein Leben von jetzt an leichter an?

Was ist jetzt alles möglich, nachdem Du das alles weggegeben hast?

Fühlt sich das nicht wunderbar an? Denke immer daran, Du hast die Macht!

Ich gratuliere Dir! Es braucht Mut und wahre Größe zu vergeben!

Jetzt habe ich noch eine richtig gute Nachricht für Dich: Du bist ein unglaublich mächtiges Wesen. Ja, Du! Völlig egal, was Dir widerfahren ist. Du hast die Macht, es für Dich zu nutzen! Vergangenes oder äußere Umstände entscheiden nicht, ob Du glücklich bist, sondern Deine innere Einstellung dazu. Du hast diese Macht auch nicht nur einmal, sondern immer wieder und Du wirst sie auch immer wieder brauchen. Nämlich dann, wenn alte negative Gefühle wieder kommen – und das werden sie bestimmt! Wenn Du an diesen Punkt gelangst, erinnere Dich daran, Du hast das alles abgegeben! Du hast entschieden, Dir nur das aus der Vergangenheit zu nehmen, was Dich stärkt. Du bist kein Opfer! Du hast Dich dazu entschlossen, den negativen Erlebnissen die Macht zu entziehen.

Du hast entschieden, dass sie Dich nicht mehr unglücklich halten dürfen.

Du hast Altes ziehen lassen, damit Du Neues richtig anpacken kannst.

Du hast eine sehr gute Entscheidung getroffen und DIE muss Dir erst einmal jemand nach machen!

GLÜCKLICH MIT DER GEGENWART

Ich möchte ehrlich zu Dir sein: Meine Gegenwart ist gerade jetzt ein Miststück!

Im Moment überstehe ich meine Tage hauptsächlich mit Kaffee, sehr viel Kaffee und Schokolade. Ich bin dankbarer denn je für meine Familie, Freunde und für laute Musik. Ohne das würde ich wahrscheinlich vollends durchdrehen. Eigentlich bin ich ein sehr gefestigter Mensch und für gewöhnlich bringt mich nichts so schnell aus der Fassung, aber gerade jetzt ist alles anders.

Mein sonst so recht stabiles Nervenkostüm ist vom Drahtseil zur Seifenblase mutiert. Als stumme Zeitzeugin dessen liegt meine Lieblingsbackform immer noch völlig verbeult in meiner Küche, seit einer Woche! Aus purer Verzweiflung und Wut habe ich sie mit voller Wucht an die Wand geschmissen. Die Aktion hat zwar jetzt nicht unbedingt meine Gegenwart verändert – außer, dass ich mir wohl eine neue Backform kaufen muss – aber immerhin hat mich das Ganze zu einer Entscheidung gebracht. Das ist doch schon etwas! Aus diesem Grund liest Du gerade diese Zeilen, so wie sie sind: wegen meiner kaputten Backform. Und genau um diese Sichtweise geht es!

Ich habe mir über dieses Kapitel lange das Hirn zermartert. Da Du mittlerweile mein Storytelling am Anfang eines Kapitels gewohnt bist, wollte ich Dir zunächst eine wirklich große Geschichte erzählen. Von Menschen, die Unglaubliches geleistet haben. Von Persönlichkeiten, die uns zu ihnen aufblicken lassen, weil sie ihre eigene „David gegen Goliath"-Herausforderung gemeistert haben, besser als die Welt es je vermutet hätte.

Ich wollte etwas, das Mut macht, etwas Monumentales. Eine unglaubliche und doch wahre Geschichte aus dem Leben. Ich nahm Ideen an, suchte nach der Story, um sie dann wieder zu verwerfen. Irgendwie erschien mir die ursprüngliche Idee doch zu weit weg …

Schließlich geht es hier um Dich und auf gewisse Weise auch um mich. Es müssen nicht immer die Welt verändernden Taten sein. Es müssen nicht stets die Charaktere sein, die ganze Nationen oder Generationen bewegen. Jemand, der Großes vormacht, kann Wege ebnen, ermutigen und inspirieren, selbstverständlich. So jemand zeigt, dass vieles möglich ist. Aber was nützt es Deinem persönlichen Glück, was irgendjemand erreicht hat. Ich finde, dass das WIE jemand etwas geschafft hat, wesentlich hilfreicher ist als das Ergebnis.

MEINE GEGENWART

Wie bei vielen Menschen laufen auch meine Tage zurzeit ganz anders als gewohnt. Ich tanze auf meiner Belastungsgrenze. Wo ich sonst mindestens vier Stunden am Tag zur Verfügung hatte, um zu arbeiten oder mir auch mal etwas Zeit für mich abzuknappen, beläuft sich meine planbare Zeit jetzt gegen null. Aufgrund der Corona-Krise befinde auch ich mich seit Monaten mit meinen Kindern im Ausnahmezustand. Ich mache mir viele Gedanken. Die Sorgen sind anders und auch für mich existenziell. Gerade jetzt ist es für sehr viele Menschen nicht leicht und an vielen von uns wird diese Zeit wahrscheinlich nicht spurlos vorübergehen. Sehr viele Konstanten sind weggebrochen. Alltägliches, das nicht nur Hamsterrad, sondern auch Sicherheit bedeutet, gibt es gerade nicht.

So überfordert wie auch ich es zeitweise bin, so sehr merke ich wieder deutlich, dass es Menschen gibt, die schwierige Situationen scheinbar „einfacher" wegstecken als andere. Ich zähle mich selbst dazu – trotz der Backform.

Sind wir mal ehrlich: Für die meisten ist dieser ganze Corona-Mist die erste real lebensbedrohliche Erfahrung. Die wenigsten von uns standen einer Bedrohung auf so existenzielle Art gegenüber.

Ausgenommen durch Krankheit, Unfälle oder ähnliches kennt die Mehrheit der Menschen in Deutschland kaum das Gefühl, einer wahrhaft lebensbedrohlichen Situation ausgeliefert zu sein. So zeigt sich manche Hilflosigkeit eben auch durch völlig absurde Handlungen. Ich sage nur: Klopapier. Für sehr viele Menschen ist das gerade ganz einfach der erste ernste Ausnahmefall. Für mich ist es das nicht.

Ich bin keine Psychologin, doch kann ich durchaus von mir behaupten, eine Meisterin der Krisenbewältigung zu sein – und das im großen Stil.

Daher glaube ich nicht nur, sondern ich weiß, dass in Krisen nicht nur Drama, sondern auch ein unglaubliches Wachstumspotenzial steckt!

Ich kann das so locker behaupten, weil ich das mehrere Male erlebt habe.

Ich möchte dabei nicht unreflektiert von mir auf Dich schließen, denn so individuell wie das persönliche Glück ist auch die Bewältigung von dunklen Zeiten. Doch gibt es Schlüssel und Halteseile, die jedem weiterhelfen können. Danach möchte ich mit Dir suchen. Ich glaube, ich habe da eine ganz gute Spur, daher möchte ich Dir ein wenig mehr von mir zu erzählen. An dieser Stelle möchte ich jedoch eine kleine Warnung aussprechen: Sollte Deine

Seele für schlimme Fakten meines Lebens nicht gewappnet sein, dann könnte Dich das Kapitel „Gestürzte Dämonen" triggern, vielleicht sogar richtig mitnehmen. Sollte diese Gefahr bestehen, überspringe es bitte! Dir wird nichts verloren gehen. Ich liefere Dir darin kein Patentrezept, denn das habe ich gar nicht.

Ich weiß genauso wenig wie Du, was Dich in der großen Unbekannten, der Zukunft, erwartet, aber vielleicht können Dich meine Worte etwas rüsten.

Ich erzähle Dir aus meinem Lebensausschnitt auch nicht, um einen Katastrophenwettstreit zu starten oder gar Mitleid zu erzeugen. Ich finde es nur fair, dass ich, wenn ich von mir behaupte, eine Meisterin der Krisenbewältigung zu sein, auch etwas auf den Tisch packe.

GESTÜRZTE DÄMONEN

Schon in sehr jungen Jahren habe ich erfahren, dass die Welt nicht durchweg so schön und sicher ist, wie ich es mir für jeden von uns wünsche. Ich habe erlebt, dass das Leben auch nicht nur richtig scheiße sein kann, sondern sogar auf verdammt viele Arten richtig gefährlich und schmerzhaft.

Ich möchte vorwegnehmen, dass ich, solange ich zurückdenken kann, den größten Halt immer in meiner Familie gefunden habe. Mir ist sehr bewusst, dass es einige Menschen gibt, die das nicht hatten. Deshalb ist es mir wichtig zu erwähnen, dass Familie nicht nur Blutsverwandtschaft bedeutet. Wie ich finde, gewinnt man die mitunter bedeutendsten Familienmitglieder, seine Freunde, erst im Laufe des Lebens dazu – und ich bin unglaublich dankbar für jeden! Davon abgesehen konnte mir meine Familie bei den größten Herausforderungen bestenfalls beiseite stehen. Manchmal noch nicht mal das.

Gerade dann ist es das Wichtigste, sich seinen Wert und der eigenen Macht bewusst zu werden. Wenn Du einer Situation hilflos ausgeliefert bist, gibt es dennoch immer etwas, das Dir bleibt: Deine Entscheidungsmacht!

Wir entscheiden selbst, wie wir mit einer Situation umgehen. Wir treffen die Wahl, welche Erlebnisse wir festhalten und welche nicht und wie wir sie bewerten. Darüber haben wir die Macht. Diese Macht war es, die ich genutzt habe, um den Missbrauch und die Gewalt aufzuarbeiten, die ich als junges Mädchen, als Kind, erlebt habe.

Genau diese Macht war es, die mich immer wieder aufstehen ließ, raus aus der passiven Opferrolle, die mich aktiv werden ließ. Es wurde zu meiner Kraft, zu meinem alles antreibenden Motor.

Ich traf Entscheidungen. Ich entschied, dass ich diesen Erlebnissen nicht mehr die Macht über mein Leben geben werde. Ich beschloss, dass ich diesem Menschen nicht mehr erlaube, mich klein zu halten. Weil ich wertvoll bin, mein Leben wertvoll ist und ich darüber selbst bestimmen möchte!

Aber noch etwas anderes kam dazu: Ich ersetzte das verloren gegangene Urvertrauen mit der Gewissheit, dass alles irgendwie einen Sinn ergibt. Die Medaille hat immer zwei Seiten; meistens ist es so, wie es kommt, irgendwie immer richtig. Auch wenn man das erst später erkennen kann. Diese Gewissheit und dieser Glaube gaben mir etwas ebenso Mächtiges: Hoffnung! Die Hoffnung, dass nach jeder schlimmen Phase etwas Gutes entsteht. Wir dürfen nur niemals aufgeben, an uns zu glauben.

Das klingt erst mal so einfach. Ich weiß, in Zeiten, in denen wir stolpern und es uns sehr schwerfällt, an uns selbst zu glauben, ist dieser Blickwinkel beinahe unmöglich. Dann ist es wichtig, Menschen an Deiner Seite zu haben, die an Dich glauben. Zumindest hat mir das immer wieder weitergeholfen. Hauptsächlich waren das meine Eltern: mein Vater, der unerschütterliche Optimist, der nie müde wurde mir zu sagen, dass alles gut wird, der immer vor Stolz strotzte und meine Mutter, die für mich stärkste Frau der Menschheitsgeschichte. Von ihr lernte ich: „Selbst ist die Frau, pack es an". Und: „Du schaffst das!"

Manchmal war es aber auch ein Lehrer, der an mich geglaubt hat, als mein eigener Fokus verrutscht war. Oder die Mutter einer Freundin, die mir mit kleinen Gesten großen Glauben schenkte. Gerade in einer Zeit, die von Alkoholismus innerhalb meiner Familie geprägt war, war das ein unfassbares Geschenk. Auch als ich mit 25 Jahren schwer erkrankte, waren es helfende Hände, die mich aufrichteten. Es ist absolut nichts Falsches daran oder gar ein Scheitern, Hilfe anzunehmen. Du darfst sie nehmen und mehr noch! Du darfst sogar solche Situationen als Erfolg verbuchen! Denn aufstehen muss jeder am Ende immer selbst – auch mit Hilfe.

Das wurde mir besonders nach meinem, wie ich ihn nenne, Tag X bewusst. Das war der Tag, an dem ich fast starb. Mit viel Glück, der Kraft meines Motors, der Liebe zum Leben und mit Hilfe überlebte ich diesen Tag. Es war zu einer Zeit, in der mein Leben völlig aus dem Ruder lief. Ich brauchte nur lange, um das zu realisieren. Nach außen hin wirkte meine damalige Welt mit Sicherheit perfekt. Ich war 25 Jahre alt, verheiratet, hatte ein eigenes Haus, war finanziell mehr als sicher, beschenkt mit dem vermeintlich tollsten Ehemann der Welt an meiner Seite. Ich war aber nicht glücklich. Nicht weil ich ein undankbarer Mensch war oder nicht liebte, nein. Sondern weil meine Welt, die ich selbst mit gebaut hatte, einfach nicht zu mir passte. Ich wurde krank, sehr krank und mit jedem Tag verschlechterte sich mein Zustand massiv. Heute kann ich selbst kaum noch nachvollziehen, wie ich zwölf Jahre so leben konnte. Ich weiß heute aber auch, dass ich genau diese Lektion gebraucht habe, um zu verstehen, wer ich wirklich bin und was mich wahrhaftig glücklich macht.

Ich kann Dir mit absoluter Sicherheit sagen, dass auch Dein Glück absolut nichts, aber so gar nichts mit dem zu tun hat, was andere glauben, was gut für Dich ist. Das erkannte ich an meinem Tag X …

Es war an einem Montagmorgen. Als ich aufwachte, blinzelte die Sonne zum Fenster herein. Ich streckte mich und versuchte mir zu sagen, dass es ein guter Tag werden würde. Es fiel mir nicht leicht, denn fühlen konnte ich das nicht. Die beste Affirmation der Welt nützt nichts, wenn Du sie nicht fühlen kannst. Stattdessen fühlte ich etwas anderes: Schmerzen. Mein kompletter Körper schmerzte, kratzte, juckte.

Schon lange hatte sich eine schwere Neurodermitis in einem Ausmaß über meine Hülle ausgebreitet, dass ich mich manchmal selbst kaum im Spiegel erkannte. Ich hatte keine Augenbrauen mehr, keine Wimpern und mein äußerer Mantel glich mehr einem Blatt Pergament statt Haut. Ich fühlte aber noch etwas anderes: ein Gewicht, eine Schwere um meine Brust, gleich einem Korsett aus Beton. Ich konnte nicht mehr atmen. Mittlerweile kannte ich zwar schon diese Atemnot, Zustände, die das Asthma immer wieder hervorrief, aber heute war es anders. Ich lief so schnell ich konnte in die Küche. Dort stand meine Handtasche mit meinem Notfallmedikament, das ich seit einiger Zeit immer bei mir trug. Ich sprühte das Aerosol in meine Lunge. Einmal, zweimal, dreimal. Ich wartete auf die Erleichterung, die nicht kam. Dafür kam Panik, die ich kaum bekämpfen konnte. Sie stieg unaufhaltsam in mir auf. Es wurde noch schlimmer. Ich sprühte wieder, mehrere Male. Dann wurde es dunkel und die Erinnerung ist etwas lückenhaft. Ich merkte noch, dass mir schlecht wurde, wie meine Beine versagten. Irgendwie muss ich noch versucht haben, mich an der Arbeitsplatte festzuhalten. Ich riss ein Glas mit um, schnitt mir bei der Suche nach Halt den Arm auf und stürzte zu Boden. Ich kann heute nicht mehr sagen, wie lange ich bewusstlos auf dem Küchenboden lag. Dafür ist mir der Moment des Erwachens umso klarer in Erinnerung geblieben.

Ich kam langsam zu mir. Zunächst sah ich nur verschwommen. Bewegen war nicht möglich. Mein Körper, der Verräter, gehorchte mir einfach nicht. Ich hörte mein eigenes schweres Röcheln, ich sah mein Blut auf dem Boden. Ich versuchte, irgendetwas von meinem Körper zu bewegen, es tat sich nichts. Dafür fühlte ich etwas anderes; dieses Gefühl ist auch heute noch sehr schwer zu beschreiben. Ich fühlte, wie das Leben aus mir wich. Wie ich schwächer wurde, wie meine Kraft und das Leben in mir ging und irgendwie war das gar nicht schlimm. Ich hatte keine Panik, keine Angst. Obwohl mir mehr und mehr die Erkenntnis in mein Bewusstsein kam: „Ich sterbe jetzt!" Nicht Morgen, nicht irgendwann, sondern jetzt, hier und heute! Ich fühlte, wie mein Atem immer flacher wurde. Ich wartete auf den berühmten Film, der vor einem ablaufen soll, wenn man stirbt. Wie wohl meiner ist? Ich überlegte mir, dass ich einen letzten Satz brauche. Einen letzten glorreichen Gedanken, irgendetwas richtig Philosophisches! Mein vermeintlich letzter Satz kam dann auch: „Tolle Wurst, das wars jetzt

Die Worte donnerten durch meinen Kopf.

›Bitte was? Das soll mein letzter Satz sein? Ernsthaft?‹.

Das war mein Moment. Mit diesem Satz zu sterben war einfach unerträglich! Nicht, dass ich jetzt sterben würde, belastete mich, sondern es mit diesem Satz zu tun!

Ich weiß nicht genau, wie ich es schaffte. Ich mobilisierte in mir sämtliche letzten Reserven. Ich forderte von jeder einzelnen Zelle ihre Restenergie. Ich versuchte immer wieder, meine Arme zu bewegen, das ging irgendwann. Meine Beine waren wie taub und gelähmt. Ich zog mich über den Küchenboden, durch mein eigenes Blut, bis zu dem kleinen Schrank, auf dem mein Telefon lag. Ich drückte die Wahlwiederholung, ohne zu wissen, wo ich rauskommen würde. Dann hörte ich die Stimme meiner Schwester, nur ich konnte nicht sprechen.

Telefone mit Display und Nummernanzeige waren noch nicht so gängig, also wusste sie nicht wer da am Telefon war. Ich versuchte Worte zu formen, unmöglich. Sie konnte nur mein Röcheln hören.

»Hallo, Hallo? Wer ist denn da? Das ist nicht lustig!«. Sie dachte wohl, da veräppelt sie jemand. Panik stieg in mir auf. Ich konnte kein einziges Wort zusammenbringen. Ich versuchte die Laute ins Telefon zu röcheln, wie sie halt aus mir rauskamen. »Leona, bist du das?«. Erlösende Worte, die ich versuchte, mit zustimmenden Geräuschen zu bestätigen. Irgendwie verstand sie es. Sie sagte, sie wisse zwar nicht sicher, ob ich das sei, aber sie ruft jetzt den Rettungsdienst und kommt auch sofort zu mir. Sie legte auf und mein Bewusstsein verabschiedete sich wieder bis ich unter grellen Lampen im Krankenhaus erwachte. Die ersten zwei Erkenntnisse, die ich aus diesem Ereignis zog, waren: Es ist immer gut, wenn eine nahe Person einen Wohnungsschlüssel von Dir hat. Und: Wenn Du nicht mehr kannst, dann gehe einfach weiter. Zur Not auf allen Vieren! Oft wissen wir nämlich gar nicht zu was wir im Stande sind, bis uns das Leben oder der Tod fordert. Natürlich wünsche ich mir für Dich, dass Du niemals etwas dergleichen erfahren musst, aber ein klein wenig Gutes daraus möchte ich an Dich weitergeben. Meine Gedanken dazu findest Du wie immer weiter hinten in meinem Workout.

Ich kann Dir versprechen, dass diese Kraft auch in Dir steckt. Dass sie das Kraftvollste ist, was wir alle haben. Völlig egal was Du schaffen, erreichen oder überstehen möchtest.

Zwar kannst Du Geschehenes nicht ändern, aber Du kannst immer neu starten und dem Ausgang Deine Richtung geben. Mal gewinnst Du, mal lernst Du.

Ich für meinen Teil würde nichts von alledem, was ich erlebt habe, ändern wollen.

Es ist, als hätten sich im Laufe der Zeit meine Trümmer immer wieder neu aufeinander gebaut, um mir einen besseren Ausblick zu ermöglichen.

DIE PHÖNIX-ERFAHRUNG

Für mich selbst kann ich klar sagen, dass ich die größten persönlichen Fortschritte immer nach der Bewältigung einer Krise erlebt habe. Ich bin davon überzeugt, dass es bei Dir genauso ist. Man spricht nicht umsonst von einem Erfahrungsschatz. Von nur Positivem war nie die Rede. Im Gegenteil: Negatives kann ein Schatz und sogar eine Bereicherung sein. Wir erkennen das nur oft erst mit Abstand!

Wer aber einmal erlebt hat, eine für sich selbst harte Zeit oder schwierige Dinge gemeistert zu haben, wer einmal über sich hinausgewachsen ist, gewinnt, wie ich es nenne, eine „Phönix-Erfahrung". Man darf nur nicht in der Asche liegen bleiben. Man muss aufstehen wie der Phönix, sich den Staub abklopfen und dann darf man leuchten, schöner und größer als je zuvor.

Wir müssen auch nicht sofort jubelnd aufspringen, manche Krisen benötigen Zeit bis zur Bewältigung. Manche Lektionen müssen wir sogar mehrfach lernen. Glaubst Du ernsthaft, das sei nur bei Dir so? Ganz sicher nicht! Wir alle verlangen von uns selbst oft zu viel, das auch noch zu schnell und obendrein erlauben wir es uns oft nicht, Hilfe anzunehmen oder gar danach zu fragen.

Das Wertvollste an der „Phönix-Erfahrung" ist für mich auch nicht einfach ein Rüsten für das nächste Mal, getreu dem Motto „Was uns nicht umbringt, härtet ab". Ich kann Dir sagen, das ist Blödsinn, ich habe es ausprobiert, bis ins Detail sogar perfektioniert. Ein harter Panzer hilft Dir vielleicht für einen Moment und nach außen, jedoch nur oberflächlich. Er lässt vieles abprallen, leider aber auch viel Gutes! Sehr schnell bauen wir uns keinen Schutzraum, sondern einen Bunker. Wir errichten uns Mauern und machen es uns dahinter gemütlich, um uns dann zu wundern, dass gar nichts mehr zu uns durch dringt. So funktioniert Glück und innere Zufriedenheit nicht. Um wahrhaftes und tiefes Glück empfinden zu können, müssen wir vor allem eines sein: ECHT. Mit allem was dazu gehört! Nur so können wir Glück in unserem Leben überhaupt erfassen.

DER GEFÜHLS-VERSTAND

Die Wahrnehmung ist immer subjektiv, auch Deine. Schließlich sind wir nicht Mr. Spock und nicht auf der Enterprise. Wobei – so einen Replikator fände ich schon sehr nett. Dann könnte man sich einfach alles Doofe im Leben mit Käse überbacken oder gleich mit Glitzer bestellen.

Leider ist das nur Science-Fiction. Unser Verstand arbeitet eben nicht nur logisch. Es gibt kein Denken ohne Fühlen und kein Gefühl ohne Gedanken.

Man kann sagen, wir nehmen unsere Welt mit einer Art „Gefühls-Verstand" wahr und das tut jeder Mensch auf seine Weise. Wenn tausend Menschen das gleiche Szenario erleben, erhält man tausend verschiedene Erlebnisse und Eindrücke davon.

Jeder Mensch hat eine eigene Geschichte mit eigenen Erlebnissen, Prioritäten und entsprechenden Filtern. Wir alle haben unseren Erfahrungsschatz, anhand dessen wir Situationen bewerten. Dabei gewichten wir das am meisten, worauf gerade unser Fokus liegt oder welche Erfahrungen sich stark eingebrannt haben.

Ein Beispiel: Wenn man eine alte Burg mit einem Architekten, mit einem Schlosser und einer Mutter besichtigt, wird man drei völlig unterschiedliche Sichtweisen erhalten. Der Architekt wird wahrscheinlich begeistert von dem alten Gebäude mit seinem Baustil berichten. Dem Schlosser ist das besonders verzierte eiserne Eingangstor aufgefallen. Die Mutter stellt vielleicht fest, dass die Toiletten zu weit weg waren und es zu wenig Aufregendes für Kinder gab.

Unsere Wahrnehmung ist aber nicht nur abhängig von unserem Fokus, sondern zum Löwenanteil sogar unbewusst! Bewusst beleuchten wir nur einen Bruchteil. Es ist wie mit einer Leselampe im Dunkeln: Wir erhellen bewusst immer nur ein paar Zeilen, aber nicht das ganze Buch. Noch härter bezieht sich das auf unsere Selbstwahrnehmung und unsere Gegenwart! Dort sind wir besonders hoch emotional. Da nageln wir uns schnell fest und oft sogar selbst ans Kreuz.

Umso wichtiger ist es, sich Gedanken über die Art der eigenen Gedanken zu machen.

Dein Bewusstsein ist ein unglaublich mächtiges Werkzeug, vor allem, wenn Du dir bestimmte Dinge bewusst machst!

Forscher des Max-Planck-Instituts haben herausgefunden, dass Erwartungen die bewusste Wahrnehmung beschleunigen können. In einem Versuch beobachteten die Wissenschaftler die visuelle Verarbeitung von Reizen und die Zeitspanne, bis sie ins Bewusstsein vordringen. Bislang ging man davon aus, dass die bewusste Wahrnehmung eher unflexibel und zeitlich festgelegt ist. Nun fand man aber heraus, wenn man im Voraus über Informationen verfügt, weiß und erahnt, was man sehen könnte, setzt das bewusste Erkennen viel früher ein. Und wir reden hier gerade auch nur von der Verarbeitung von optischen Reizen.

Warum ich das für wichtig erachte?

Wenn die bewusste Wahrnehmung durch Deine Erwartung beschleunigt werden kann, was möchtest Du schneller wahrnehmen: Positives oder Negatives?

Ich finde, das ist ein guter Grund, sich mit seiner Gegenwart gut auseinander zu setzen!

Glücksworkout:
Deine Gegenwart

Das Gehirn kann die bewusste Wahrnehmung flexibel anpassen.

Wow, was für eine Erkenntnis!

Da Du auch ein Gehirn-Träger bist, lass uns das doch als Trumpf verwenden!

Denn nichts ist in Stein gemeißelt – außer, dass wir kommen und gehen.

Das Dazwischen ist im ständigen Wandel. Der Elefant marschiert nun mal einfach weiter, ob Du willst oder nicht. Entweder Du führst ihn oder andere tun es. Nur, ob Dir dann Deine Gegenwart gefällt, ist es etwas ganz anderes …

Ich kann Deine Gegenwart leider auch nicht für Dich ändern – Du schon!

Deshalb möchte ich gerne mit Dir etwas an Deiner Entscheidungsfreude feilen.

Uns Menschen liegen Veränderungen nämlich oft nicht so … Sie machen uns oft Angst, weil es keine hundertprozentige Sicherheit gibt, dass unsere Entscheidungen auch wirklich gute sind. Wie oft hattest Du schon Situationen im Leben, in denen Du Dir im Nachhinein mit der flachen Hand auf die Stirn gehauen hast? Warum nicht gleich so? Du hast es doch eigentlich schon vorher gewusst. Tief in Dir wusstest Du, dass das nicht Dein Weg, der Mensch für Dich oder die Situation nicht richtig für Dich sei. Dennoch hast Du gewartet, ausgehalten und viel ertragen. Warum? Es ist die Angst vor Veränderung, die uns zu lange ausharren lässt. Die Ungewissheit darin blockiert uns. Lieber den Spatzen in der Hand, als die Taube auf dem Dach, nicht wahr!? Da weiß man wenigstens, was man hat. Auch wenn man das was man hat, eigentlich gar nicht möchte. Wie oft hast Du Dich schon mit Dingen zufriedengegeben, obwohl Du mehr als unzufrieden damit warst? Natürlich geht man im Leben Kompromisse ein, häufig aber auch die falschen. Aus Angst treffen wir nicht selten keine Entscheidung, bevor wir eine falsche treffen könnten.

KOPF ODER ZAHL

Ist Deine Gegenwart genauso, wie Du Dich damit wohlfühlst? Oder gibt es wichtige Punkte, die Du ändern könntest, bei denen Du Dich aber nicht traust? Wo hast Du Angst vor Veränderung? Wo kannst Du Dich deshalb nur schwer entscheiden?

Lass uns keine Zeit verschwenden; wir zögern viel zu oft.

Nimm Dir eine Münze. Es ist egal, welche, nimm irgendeine.

Wir glauben jetzt einfach einen Moment lang an Zauberei und tun so, als würde es stimmen. Du wirfst gleich dieses Stück Metall in die Luft und fängst es wieder auf. Kopf oder Zahl. Du kennst das Spiel.

Nimm Dir bitte etwas Zeit für ein paar Gedanken dazu:

> *In welchem Bereich Deines Lebens zögerst Du?*
> *Wo hättest Du gerne Gewissheit?*
> *Wo möchtest Du etwas ändern oder was soll anders sein?*
> *Welche zwei möglichen Szenarien ergeben sich aus Deinen Gedanken?*
> *Stell es Dir genau vor, bis ins kleinste Detail. Was könnte passieren?*
> *Wie sehen die zwei Möglichkeiten aus?*

Entscheide nun, welche Seite der Medaille wofür steht.

Bereit die Münze zu werfen?

3 … 2 … 1 …

Na, auf welcher Seite ist sie gelandet? Gefällt Dir das Schicksal?

Ich verrate Dir nun ein kleines Geheimnis – ich hoffe, Du nimmst mir das jetzt nicht übel.

Es ist nämlich völlig egal, auf welcher Seite Deine Medaille gelandet ist.

Wichtig ist nur, welche Seite DU DIR gewünscht hast. Auf welche **sollte** sie denn fallen?

Nun haben wir Deinen Herzweg gefunden!

Damit können wir arbeiten. Wenn man weiß, wohin man will, hat man eine Richtung und eine Startlinie zum Loslaufen.

FÜTTERE DEINE ZUKUNFT AUS DEM JETZT

Jetzt, exakt gerade diesen Moment kannst Du nicht ändern.

Aber sehr wohl Deinen Blick darauf!

Ändere Deinen Blickwinkel – und das am besten wortwörtlich!

Nimm Dir bitte gedanklich Dein gegenwärtiges Leben mit den wichtigsten Punkten zur Hand. Hast Du sie? Du hast nun drei mögliche Blickwinkel Deine Situation zu betrachten:

DIE NEUTRALE MITTE

Stelle Dich bitte gerade hin. Das ist die Mitte, Deine Position als neutraler Beobachter.

Frage Dich: Wie ist Deine Momentaufnahme im Jetzt? Ganz nüchtern und mit Fakten bedacht.

Nimm nun Deine Lebensfakten und mache einen Schritt nach links.

DIE NEGATIVE SEITE

Mache einen Schritt nach links. Da ist alles Doofe, die Sachen, die Du gar nicht magst.

Was ist es genau, was Dich stört? Wo fühlst Du Dich unwohl? Wie fühlt es sich für Dich an?

Wenn Du Dir alles angeschaut hast, kehre zu Deiner neutralen Mitte zurück. Versuche erneut, Deinen Lebensplan mit Logik, sozusagen im Mr. Spock-Modus, zu betrachten.

Mache das so lange, bis Du wirklich an einem neutralen Punkt angekommen bist.

DIE POSITIVE SEITE

Nun rufst Du Dir all das Gute und wunderbare in Deinem Leben auf! Mache einen Schritt nach recht. Stelle Dir vor - was ist es genau, das Dich leuchten lässt?

Welche Lebensbereiche sind es? Was beflügelt Dich und tut Dir gut?

Fühle Dich genau in Deine sonnigen Bereiche hinein. Nutze jedes kleinste Detail.

Du kannst dort so lange verweilen, wie Du möchtest, schließlich sind das Deine Lichtblicke.

Wichtig ist, dass Du die Übung immer mit dieser Position beendest, dass Du sie mit den schönen Dingen Deines Lebens abschließt.

Was das alles soll? Wie oft verbringst Du sonst Zeit damit, Dir die positiven Seiten Deines Lebens **ganz bewusst** anzuschauen? Bewusst befassen wir uns hauptsächlich eher mit unseren Problemen. Eben mehr mit dem Kackhaufen statt dem Elefanten.

Keine Sorge, das ist ganz normal! Die gute Nachricht ist, dass nichts in Stein gemeißelt ist, auch Dein Leben nicht. Genau hinzusehen ist die Grundlage, um etwas zu verändern.

Diese Übung ist nicht nur ein wunderbares Werkzeug, um zu sehen, wo Du stehst. Es kann auch eine fantastische Entscheidungshilfe für Deine Zukunft sein, basierend auf Deiner Gegenwart.

STELLE DIR DAZU FOLGENDE ZUKUNFTSGEDANKEN

Gibt es etwas, das Du ändern könntest/möchtest?
Wo hast Du Dich bisher nicht getraut?
Lassen sich vielleicht positive Situationen verstärken und
damit sogar negative Bereiche verkleinern?

Oft übersieht man diese Option im Alltag nämlich! Mir ging es auch schon oft so: Links hatte ich lange ein massives Zeitproblem. Ich fühlte mich sehr unter Druck und konnte mich schlecht in der Hektik des Alltages konzentrieren. Zeit für mich selbst gab es kaum, oft hatte ich das Gefühl, mich im Trubel des Alltags zu verlieren. Auf der rechten Seite stellte ich fest, dass ich sehr gerne Billard spielte. Nicht gut, aber es entspannte mich. Also schuf ich mir ein Zeitfenster. Jeden Freitagabend ging ich mit meiner besten Freundin Billard spielen. Das Spiel fokussierte mich und ich balancierte mich aus. Was ich selbst bis dahin nicht vermutet hatte: Es wurde zu einem sehr kraftvollen Ritual. Ich hatte Spaß, kam runter und konnte die Woche für mich abschließen. Es wurde zu meiner Zeit, in der ich mich intensiv nur um mich selbst kümmerte.

> *Was könnte es bei Dir sein? Spüre in Dich hinein.*

Diese Übung kann aber noch mehr!

Sie kann Dir sogar helfen, Entscheidungen zu treffen. Wenn Du etwas hast, das Du ändern möchtest, Dir aber unsicher bist, kannst Du mit dieser Übung auch Zukunftsgedanken durchfühlen.

Du hast wieder Deine drei Blickwinkel:

Negativ   Neutral   Positiv

Spiele für Dich Dein Szenario durch. Wenn Du etwas änderst, sind links wieder Deine negativen Auswirkungen. In der Mitte der neutrale Standpunkt und rechts die positive Auswirkung.

Stelle Dich wirklich in die jeweilige Position. Fühle Dich in sie hinein und frage Dich:

> *Was wäre das Schlimmste, was Du Dir für diese Entscheidung vorstellen kannst?*
> *Könntest Du damit leben? Wie fühlt es sich an?*

Kehre anschließend in Deine Mitte zurück, Deinem Mr. Spock Zustand.

Dann kommt die schöne Seite, mache einen Schritt nach rechts. Male Dir die Möglichkeit mit ihren besten Auswirkungen aus!

> *Was würde sich für Dich verändern?*
> *Wie fühlt sich das hier für Dich an?*
> *Was ist jetzt alles möglich für Dich?*

Nun möchte ich Dich erst mal zu Deinen Schritten in Deiner Welt beglückwünschen. Du hast es bis hier geschafft und Du wirst es auch noch weiter schaffen!

Woher ich das weiß? Weil ich das auch kann! Ich sehe keinen Grund, warum das bei Dir anders sein sollte.

Ich möchte Dich dazu ermutigen, auch Deine „Babyschritte", sogar einen Stillstand oder Rückschritte zu feiern. Selbst wenn Du gerade jetzt am Boden liegst, möchte ich Dir gratulieren, denn Du bist da. Du atmest, fühlst, lebst, liebst und das ist es wert, zu kämpfen.

Der Elefant läuft einfach weiter. Mit oder ohne Dich auf seinem Rücken. Nur, ohne Dich hat er keine Richtung. Möchtest Du das? Ich glaube nicht. Deshalb steh auf! Hoch mit Dir und rauf aufs Rüssel-

tier! Es ist Dein Königreich und Könige haben am Boden nichts verloren. Jetzt erobern wir erfolgreich Deine Welt.

GLÜCKLICHES ERFOLGSSCHEITERN

Schwarz oder weiß?

Es war einmal in einem fernen Land, in einem anderen Raum.

Eine Welt zwei geteilt, unterschiedlicher geht es kaum.

Ein Planet in zwei Hälften, kalt und heiß.

Die eine Seite schwarz, die andere weiß.

Die schwarze Hälfte ein dunkler Ort,

die Menschen verharrten und scheiterten dort.

Neid auf die anderen wuchs Tag um Tag,

weil man selbst nur zu fallen vermag.

Nur einmal so leicht den Erfolg einstreichen,

ohne Anstrengung, ohne Scheitern ein Ziel erreichen.

Doch die da drüben, so sagte man,

behielten das Glück, man kam nicht mehr ran.

So blieben die Menschen dort stehen im Tran

und fingen am besten erst gar nichts mehr an.

Die andere Seite im glänzenden Licht,

voller Glückskinder, sie scheiterten nicht.

Egal, was sie taten, es gelang

und sie fingen ständig etwas Neues an.

Missgunst war ihnen jedoch auch nicht fremd,

die Stille von drüben schien ihnen ein schönes Hemd.

Nur einmal so in Ruhe rasten,

statt ständig neue Ziele ertasten.

Sie wussten ja, egal was sie taten es glückte,

doch dieses Ankommen war etwas, das sie mehr entzückte.

Nur einmal etwas erreichen,

ganz ohne vorab gestellte Weichen.

Doch die da drüben auf der dunklen Seite,

die schau'n nur auf sich und teilen nicht die kleinste Pleite.

Dabei wollte man doch auch wissen, wie es ist,

wenn man der eigene Schmied des Glückes ist.

Schwarz oder weiß, so frage ich Dich,

welche Welt wohl die glücklichere ist?

DEINE ERFOLGSGESCHICHTE

Was ist Erfolg? Wer ist erfolgreich? Für mich sind es nicht die reichsten, die berühmtesten Menschen, sondern die standhaftesten. Erfolg ist nämlich in erster Linie Ansichtssache und zum Großteil hausgemacht!

Ja, Du hast richtig gelesen. Ich muss Dir leider die Illusion nehmen, dass Erfolg nur etwas mit glücklichen Umständen zu tun hat. In den allermeisten Fällen kommt nicht einfach eine Erfolgsfee zum Fenster hereingeschwebt mit einer Portion Glück in der Tasche. Manchmal betrachten wir das nur lieber so. Das ist so schön bequem und umgeht den inneren Schweinehund. In Wahrheit gibt es kein „Glückspilz-Gen", das es manchen Menschen ermöglicht, erfolgreicher zu sein als andere. Ich weiß, es macht manchmal den Eindruck,

dass manche Leute immer Glück haben; Menschen, denen die Dinge in die Wiege gelegt wurden. Sie müssen offenbar kaum etwas tun, während andere sich den Hintern abrackern. Pechvögel haben es eben schwer und Glückskinder leicht. Schwarz oder weiß. Das glauben wir zumindest gerne.

Erinnern wir uns aber bitte kurz an unsere Wahrnehmungsfilter: Du weißt nicht, ob Du

wirklich die ganze Geschichte von jemandem beleuchtest oder nur im schwachen Schein ein

paar Zeilen davon liest.

Selbst wenn es Menschen gibt, denen vieles zufliegt, stellt sich die Frage: Sind sie deshalb glücklicher? Wie ist das bei Dir? Hand aufs Herz: Erfüllen Dich leicht erreichte Ziele? Wahrscheinlich nur sehr kurz. Ich finde, ein tiefes Erfolgsgefühl und das damit verbundene Glücksgefühl, eines das Dich mit Stolz und Zufriedenheit flutet, stellt sich erst mit dem Überwinden von Hindernissen ein, dem Gefühl, etwas Unglaubliches erreicht und geschafft zu haben. Jedoch ist dieses Erleben sehr individuell. Was für Dich leicht erscheint, ist für andere eine große Herausforderung oder andersherum.

Deshalb sollte Dein erstes Erfolgs-Credo sein:

VERGLEICHE DEIN ERREICHTES NICHT MIT ANDEREN.

Das kostet nur unnötig Kraft, die Du sehr gut für Besseres verwenden kannst. Deine persönlichen Umstände spielen eine große Rolle. Woher Du kommst und welche Wege Du schon beschritten hast, ist maßgeblich für den Punkt, an dem Du genau jetzt stehst. Vielleicht bist Du noch nicht an Deinen Traumzielen angekommen. Na, und? Beim Erträumen Deiner Erfolgsgeschichte hast Du auch mit Sicherheit nicht alle Hürden voraussehen können, die es bestimmt gab, oder!? Es ist eben ein Unterschied, ob ich nur mit einem Bein hinkend ein Rennen gewinne, oder mit zwei gesunden Beinen einfach durchflitze. Ja, vielleicht ist ein anderer zuerst an dem Ziel, das Du Dir auch wünschst, aber eventuell hatte dieser Mensch die besseren Schuhe an oder weniger Stolperfallen auf seinem Weg. Womöglich war dieser jemand aber auch schlicht standhafter.

Wir alle gestalten unsere eigene Welt. Du kreierst Deine jeden Tag aufs Neue, genauso wie ich. Lass Dir bitte erst mal sagen: Das ist etwas echt Großes! Das ist ein Prozess, für den wir viel Power brauchen.

Wir stellen uns unsere Welt vor, wie etwas sein könnte. Wir wägen Optionen ab und bauen im Grunde permanent an unserem Lebensmodell wie auch an unserem Erfolgsplan. Dann kommt ein dickes Problem daher (gern machen wir uns auch eins) und schon sehen wir unsere Felle davonschwimmen. So ein Pech aber auch! Jetzt brauchen wir unsere Kräfte und Ressourcen so richtig, um erst mal zu hadern. Manchmal schimpfen wir wie die Rohrspatzen und suhlen uns sogar in der Grube, die uns das Leben gerade gegraben hat. So haben wir uns das nicht vorgestellt. Warum muss das ausgerechnet mir passieren? Warum gerade jetzt? Dabei kann ich das doch so ganz und gar nicht gebrauchen! Auch nicht, wenn mir dieses Problem am Ende weiterhilft. Gründe, warum Scheitern gerade doof ist, finden wir schnell und jede Menge.

KRISE ODER GLÜCK, DAS IST HIER DIE FRAGE

Kennst Du diese Menschen, die es schaffen, bei jeder Möglichkeit davon zu berichten, was ihnen schon alles Schlimmes widerfahren ist? Immer und immer wieder. Es scheint mir manchmal, als marschiert so jemand einfach gerne barfuß durch die Hölle. Ein Freund meiner Familie zum Beispiel berichtet grundsätzlich bei jeder Feier davon, wie ihn mal ein Chef nach langer, „aufopfernder" Anstellung gekündigt hat. Zum schlimmsten Zeitpunkt natürlich. Dass er seinen Chef unfähiges Arschloch genannt hat, lässt er gerne weg. Ebenfalls, dass er diesen Job gehasst hat, was sich natürlich ebenso in seiner Arbeitsweise widerspiegelte. Er erzählt auch nie davon, dass er erst durch diese Kündigung den Impuls bekam, sich seinem eigentlichen Traumberuf zuzuwenden, den er bis ins Rentenalter sehr zufrieden ausübte. Sehr oft beinhaltet ein Scheitern eine verborgene Schönheit, manchmal sind wir jedoch blind auf diesem Auge. Im Versagen-Modus ist dieser Blickwinkel auch alles andere als einfach, dennoch lohnt sich ein Betrachten aber allemal.

Es geht dabei nicht darum, sich etwas schön zu reden, sondern eher zu betrachten: Bringt mich ein Scheitern am Ende vielleicht doch weiter oder an ein besseres Ziel? Der Teufel des Details versteckt im Scheitern nämlich auch gerne Gutes.

Zurück zum Problem, was für viele Menschen leider Scheitern bedeutet:

Da liegt er nun, der Kackhaufen, dampfend und stinkend. Eine Lösung muss her! Wir mobilisieren all unsere Kräfte, um auf den alten Erfolgskurs zu gelangen. Möglichkeiten werden gesucht, gedreht und gewendet und dann entscheiden WIR! Mit etwas Glück finden wir Wege, unser Problem aufzulösen. Um eine Krise als beendet anzusehen und auch

glücklich damit zu sein, gibt es verschiedene Möglichkeiten. Die schnellste Route ist, eine Lösung zu finden, die nah genug an unserem ursprünglichen Bauplan ist. Nur ist das nicht immer möglich. Dann entscheiden wir erneut. Wir können unsere Hand immer wieder auf eine heiße Herdplatte legen und uns über die Brandblase wundern oder wir akzeptieren, dass sie heiß ist – und schalten sie ab.

Sei Dir gewiss, scheitern oder das Aufgeben eines einst gebauten Ziels nicht das Ende der Welt ist! Wenn wir es schaffen zu akzeptieren, dass sich eine Vorstellung gerade nicht erfüllt, können wir auch eine langgepflegte Idee mit guten Gewissen abhaken und sagen: „Shit Happens!"

VON DER KUNST AUS STEINEN STUFEN ZU BAUEN.

Stell Dir vor, ein Kleinkind würde nach den ersten missglückten Gehversuchen sagen: »Och nö, ich bleibe jetzt hier liegen, lasst mich einfach zurück!«. Das wäre äußerst ungünstig, nicht wahr? Du läufst genau jetzt erfolgreich durch Deine Welt, weil Du eben nicht liegen geblieben bist, weil Du wieder aufgestanden bist. Warum also gelingt das Loslaufen uns Erwachsenen oft weniger gut? Eine mögliche Antwort ist Angst; die Furcht zu Scheitern lässt uns stehen bleiben. Nicht selten bringt sie uns sogar dazu, Neues erst gar nicht zu wagen. Ich möchte heute mit Dir eine Lanze brechen – und zwar für das Scheitern!

Denn Scheitern ist nicht das Gegenteil von Erfolg, sondern ein Teil davon!

Leider ist es oft so, dass wir zu laufen lernen, aber nicht zu fallen.

Dabei ist das Fallen unglaublich wichtig. Frag doch mal jemanden, den Du als erfolgreich erachtest. Wie oft dieser Mensch wohl schon gefallen und wieder aufgestanden?

Nicht der Erfolg macht den Erfolg aus. Scheitern ist auch kein erfolglos sein. Du musst nur die Courage haben, bewusst zu entscheiden. Erst recht, wenn der Weg sich ändert. Wir kommen nicht auf die Welt und es ist entschieden, ob wir erfolgreich sind oder nicht. Diese Entscheidung treffen WIR! Immer wieder. Jeden Tag aufs Neue entscheidest auch Du Dich. Unser Erfolg liegt an UNS!

Ich weiß, dass dieser Gedanke viel Verantwortung mit sich bringt, aber ebenso unglaublich viel Macht! Wir Menschen müssen auch nicht erst lernen, erfolgreich zu sein. Du warst mit Sicherheit schon sehr erfolgreich, schließlich bist Du bis hierhin gekommen. Wir müssen lernen, zu scheitern und dabei weiter an uns zu glauben, gnädig mit uns und unserer Unvollkommenheit zu sein. Ich sehe keinen Grund, das Scheitern nicht auch mal liebevoll zu umarmen. Es gibt eben nicht nur diese eine Möglichkeit und danach heißt es: „Game Over". Die Wahrheit ist, wir fühlen uns häufig nur allzu wohl in unserer Komfortzone; schließlich haben wir es uns gerade so schön gemütlich gemacht. Wir haben uns einen Plan mit klarem Ziel ausgedacht. Die Angst vor Veränderungen kommt dann noch dazu …

Sie ist es, die uns nicht selten in unmöglichen Umständen verharren lässt, die uns von unserem Erfolg fernhält. Zu hohe oder falsche Erwartungen und Ideale erledigen dann das Ihre.

BÄUME AUSREIßEN ODER GRASHALME SÄHEN?

Es gab so eine Zeit, da brüllte es einem gefühlt von jeder Werbetafel entgegen:

»Think Big!«

»Go for it!«

»Yes we can!«

Alles musste auf einmal mega groß, hyper und super successfull sein. Ein einfaches gut reichte plötzlich nicht mehr aus. Unzählige Erfolgsgurus wussten von nun an, wie man der erfolgreichste Mensch auf diesem Planeten werden sollte und warum. Auch welche Berge es jetzt zu versetzen galt und welche Bäume man ausreißen solle. Erfolg first! Aber bitte mit einem strahlenden Lächeln im Gesicht!

Motivationstrainer hatten plötzlich Hochkonjunktur. Von irgendwoher muss die Energie ja auch kommen, selbst wenn man sie vielleicht gar nicht hat. Irgendwann dämmerte es dann dem ein oder anderen, dass die reine „Vollgas-Nummer" vielleicht doch nicht so glücklich macht und auch ihren Verschleiß fordert. Plötzlich war alles zu stressig und Burnout in aller Munde. Eine „Erschütterung der Macht", sozusagen. Der Wendepunkt zur Entschleunigung war gekommen.

Von nun an konnte man nicht mehr erfolgreich sein und glücklich leben, ohne sich in einem fancy Yoga Kurs grazil die Gräten zu verdrehen. Atemkurse, Lachtraining, Klangschalentherapie und so vieles mehr, Kursangebote soweit das Auge reicht! Von nun an wussten Entspannungstherapeuten ganz genau, wie man sich zu entschleunigen hat, um erfolgreich zu sein. Aber bitte mit einer ruhigen Atmung in den Bauch!

Entspannt leben, ohne an der Entspannung aktiv zu arbeiten, wo kämen wir denn da hin?

Vielleicht einfach auf eine grüne Wiese mit einem Grashalm im Mundwinkel und dem Blick in die Wolken. Aber so ein „Hans guck in die Luft" will ja auch wieder niemand sein …

Man möge mir bitte meine Polemik nachsehen. Ich werde nur manchmal das Gefühl nicht los, dass wir Menschen zu einer Art „Erfolgsextremismus" neigen, um ja alles richtig zu machen mit dem Erfolg. Dabei übersehen wir unsere vielen kleinen Erfolgstaten so schnell.

Für diese möchte ich gerne Deinen Blick schärfen. Die schweren Aufgaben verbergen sich nicht allzu selten in den kleinen und leisen Dingen. Wir bemerken sie oft nur nicht, weil sie sich jeden Tag wiederholen und sich verselbstständigen.

Für mich selbst wurde das besonders in meiner Rolle als Mutter spürbar. Man wird nicht dafür gefeiert, wenn man jeden Tag kocht, wäscht, putzt usw. Auch nicht, wenn man dabei alles gibt. Noch nicht mal, wenn man über die eigenen Grenzen hinausgeht. Es gibt so viele Tage, die einen enorm viel Kraft kosten und am Ende lobt man sich noch nicht mal selbst.

Dabei sind es doch genau diese einfachen Tage, die wir am häufigsten stemmen!

Die, die uns fast übermenschliche Kräfte abverlangen können, egal wie gut wir in den Bauch atmen. Es ist der „normale" Alltag, der uns Kraft übriglassen muss oder uns gar welche geben sollte, damit wir auf Dauer gesehen stark, glücklich und für uns erfolgreich sein können. Damit wir Ziele erreichen können und wir eben auch mal mit den Schultern zucken können, wenn wir scheitern. Ich finde, genau hier entscheidet sich schnell, ob wir uns als erfolgreich wahrnehmen oder nicht.

PERFEKTIONISMUS – "THE FROZEN THRONE" FÜR UNSEREN ERFOLG

Lass Dich nicht von zu perfekten Vorstellungen einfrieren und Deine Kraft rauben.

Zugegebenermaßen: meine Königsdisziplin!

Ich weiß nicht, wie das bei Dir ist, aber sind wir nicht alle ein wenig wie die Serienfigur Monk?

Da ist diese kleine Stimme in Dir, die immer ein Haar in der Suppe findet.

In einer meiner sehr perfekten und anstrengenden Phasen habe ich beschlossen, meinem Perfektionisten einen Namen zu geben. Darf ich ihn Dir kurz vorstellen: angenehm, mein „Monk" Jimmy.

Natürlich ist Jimmy immer perfekt gekleidet. Mit seiner Bügelfalte in der Hose könnte man Welten teilen. Der Krawattenknoten ist immer perfekt ausgerichtet und

Haare stehen bei ihm niemals ab! Lass Dich jedoch nicht von seinem Äußeren täuschen. So adrett wie er aussieht, so nervig kann er nämlich auch sein. Er ist, ehrlich gesagt, der kleinlichste Sturschädel den ich kenne.

Das fängt bei der Knopfleiste vom Bettbezug an: Die gehört doch um Himmelswillen nach unten. Immer! Dinge wie die berühmte Zahnpastatube sind seine Lieblingsaufhänger. Seine Tassen im Schrank sortiert er nach Kaffee-Genre, Stil, Farbe und die Henkel zeigen immer in dieselbe Richtung. Und Du solltest ihn niemals, wirklich NIEMALS die Spülmaschine einräumen lassen. Dafür braucht er gefühlte Jahre, weil immer alles perfekt an seinen Platz muss. Kommt Dir das ein klein bisschen bekannt vor? Oder in welche Richtung rollst Du Dein Klopapier ab? Ein Unmensch, wer nicht immer mit geraden Zahlen abschließt.

Was sich jetzt mit einem Schmunzeln lesen lässt, kann einen durchaus ausbremsen.

Einerseits sind solche kleinen „Macken" liebenswert und sortieren unseren Alltag. Automatisiert legen wir los. Jimmy macht es uns leicht und kümmert sich darum, dass

Dinge einfach sind, wie sie sind und gefälligst auch so bleiben. Aber wehe dieser innere Ordnungstyp ist nicht befriedigt. Oh weh! Nicht selten bahnt sich dann die große Katastrophe an, egal wo wir sind. Schon raucht, knallt und zischt es dann in unseren Beziehungen oder auf der Arbeit. Manchmal hilft dann nur eins: Urlaub. Aber nicht so wie Du gerade denkst. Lass uns das alles gleich im Workout genauer betrachten. Bereit?

GLÜCKSWORKOUT:
ERFOLGSSCHEITERN

Zunächst möchte ich Dir gerne Danke sagen! Du hast mein Buch bis hierhin gelesen.

Es ist Deine Zeit, Deine Energie, die Du auf diesem Wege auch irgendwie mir schenkst, obwohl Du bestimmt genug anderes zu tun hättest, richtig?

Wir führen alle unsere einfachen „Kämpfe" jeden Tag. Sie sind es, die den Stein Tropfen für Tropfen höhlen. Es lohnt sich so sehr, sich gerade diese kleinen Heldentage bewusst zu machen. Ich möchte diese Tage genauer mit Dir betrachten. Lass uns in den Fokus holen, was man da eigentlich immer alles leistet. Ja, ich meine gerade diese Dinge, die einfach dazu gehören, die getan werden müssen.

Auch wenn Dir manche Dinge vielleicht zu selbstverständlich erscheinen, die Energie dafür muss trotzdem irgendwoher kommen. Trotzdem wertschätzen wir diese kleinen, täglichen Erfolge einfach viel zu wenig und deren Bewältigung rutscht schnell ins Unsichtbare. Schluss damit!

LASS UNS DEINE TÄGLICHEN ERFOLGE SICHTBAR MACHEN!

Schreibe bitte für Dich auf, welche Dinge deines Alltages Zeit und Kraft von Dir fordern.

Ja, gerade die ganz banalen Dinge sind wichtig!

Es geht um die vielen kleinen Dinge, Deine Pflichten, Gegebenheiten Deines Tages, alles was Du so erledigst, Dir vielleicht sogar wegwünschst. Selbst wenn es das Aufstehen morgens ist und Millionen andere auch jeden Morgen aufstehen, das spielt gar keine Rolle.

Wenn es Deinen Tag mit füllt, Deine Kraft oder Energie kostet, hat es hier seinen Platz:

_____

_____

_____

_____

_____

Ich weiß nicht, wie es Dir beim Aufschreiben ging. Ich war doch sehr überrascht, was da alles zusammenkommt. Erst wollte mir nicht so recht etwas einfallen, dass ich aufschreiben könnte, dann ratterte es aber los. Ist es nicht erstaunlich, was man alles Mal eben zwischen reinschiebt – und das sogar kontinuierlich?

Das alles erledigst Du jeden Tag? Das ist doch schon ein Erfolg!

Es ist vielleicht nicht die Pauken-und-Trompeten-Art, aber es ist Dein Verdienst!

Jeden Tag aufs Neue!

DEINE STARTLINIE

Um den eigenen Erfolg, das, was man alles leistet, fühlen zu können, ist es unglaublich

wichtig, sich seine Ausgangsposition bewusst zu machen.

Es ist ein Unterschied, ob ein Hochleistungssportler 500 Meter rennt oder jemand, der vielleicht eher eine kleine Couchpotato ist.

Es ist eben nicht nur entscheidend, WAS Du alles tust, sondern auch WIE.

Hinzuschauen, ob uns etwas Energie raubt oder auch gibt, ist nicht nur wichtig, um Umstände zu identifizieren, die man vielleicht sogar sofort ändern sollte und könnte, sondern auch, um zu erkennen, was man manchmal erst bewerkstelligen muss, um sein

tägliches Tun überhaupt erst starten und am Ende meistern zu können.

Es ist ein Unterschied, ob Du erst mal drei Kinder versorgst und startklar für die Schule machst, bevor Du arbeiten gehst oder ob Du nur Dir ein Brot schmierst.

Es ist ein Unterschied, ob Dein Schlaf erholsam ist oder ob Du aus irgendwelchen Gründen immer viel zu wenig davon bekommst.

Es ist eine völlig andere Situation, ob Du Dich in Deinem Alltag um andere mit kümmern musst oder ob Du Dich nur um Dich selbst bemühst. Beides kann belastend sein!

Jemand, der kerngesund in den Tag startet, hat definitiv ganz andere Möglichkeiten als jemand, der krank ist. Auch auf der emotionalen Ebene macht es einen enormen Unterschied, mit wie viel Gepäck Du reist! Sei es die nicht ausgesprochene Entschuldigung, obwohl es Dir wirklich leidtut, das drückt das Gemüt. Die Arbeit, in der wir unzufrieden sind und uns dennoch jeden Tag aufs Neue hinschleppen, kostet noch mehr Energie. Freundschaften, Beziehungen, die uns mehr abverlangen und mehr Kraft kosten, als sie uns aufbauen. Es macht verdammt nochmal einen Unterschied, ob Du stabil vor Dich hin schreitest oder ob Du gebückt durch Deine Welt schlurfst, weil Du zu viel trägst.

Deshalb möchte ich Dich ganz direkt fragen: Wie schwer ist DEIN Gepäck?

Welche Umstände sind es genau, die Du Dir leichter wünschst?

Schreibe sie bitte hier für Dich auf:

Wie war denn das Aufschreiben für Dich, hast Du das Gewicht gespürt?

Mein Wunsch ist es, dass diese Liste für Dich nicht allzu lang ist.

Ich bin mir jedoch sehr sicher, dass es bestimmt den ein oder anderen Punkt gab, der Dir in Deinem „Alltagsgewusel" bisher noch nicht so sehr aufgefallen ist,

obwohl Du ihn immer trägst.

Frage Dich an diesen Stellen bitte:

Kannst Du vielleicht etwas aus Deinem Gepäck rausnehmen?

_____

_____

_____

Könnte Dir vielleicht jemand beim Tragen helfen?

_____

_____

_____

Möchtest Du wirklich jedes Deiner Gewichte schleppen? Ist das nötig?

_____

_____

_____

Trägst Du sie, weil Du das wirklich musst, oder sind es Erwartungen von außen?

_____

_____

_____

Ich möchte Dich dazu einladen, Deinen Alltag nicht nur einmal, sondern immer wieder auf die Waage zu legen. Oft wuchten wir nämlich Dinge durch unsere Welt, die es lohnt, abzulegen. Dann bleibt Dir auch etwas Energie für Deine konkreten Ziele übrig. Die, die Dir wirklich wichtig sind. Die, die Dich glücklich machen und Dich tragen.

REALISTISCHE ZIELE

In Sachen Erfolg, persönliche Entwicklung oder Entfaltung, denke ich in der Tat, dass alles möglich ist. Alles, was Du Dir vorstellen kannst, kannst Du auch erreichen. Die Frage ist nur wie und wann. Mit einer großen Vorstellungskraft wird nämlich auch der Rahmen entsprechend größer. Wäre Dein Erfolgsweg eine Leiter, wie kommst Du wohl tatsächlich voran? Mit ganz großen Sprossen, die sehr weit auseinanderliegen oder mit eng gesetzten Tritten? Schnell stellen wir uns nämlich selbst ein Bein, weil wir unseren Rahmen zu großzügig abstecken. Ich bin da wahrlich keine Ausnahme. Bitte verstehe mich nicht falsch. Ich möchte Dich auf keinen Fall von Deinen großen Zielen und Träumen abbringen. Behalte sie Dir bitte bei. Auch jene die völlig unrealistisch sind!

Aber: **Denke groß und handle in kleinen Schritten!**

Wie ich das meine?

Der Frühling startet, die Temperaturen steigen und die Kleidung wird luftiger. Wie oft habe ich mich schon dabei ertappt, mir spätestens dann vorzunehmen, endlich mehr Sport zu machen, etwas Gewicht loszuwerden. In voller Euphorie unterschrieb ich dann auch schon mal ein 12-Monatsabo in einem Fitnessstudio, um dann nicht hinzugehen. Kennst Du auch diese anfängliche Euphorie, wenn man sich vorstellt, wie etwas sein könnte? Mein schlankes, sportliches Ich im Ziel hat aber auch zu gut ausgesehen in meinem Kopf. Das pushed ungemein. Oft legt man direkt los, noch öfter kommt man nicht allzu weit.

Verdammt, voll gescheitert!

Aber nicht am Ziel an sich, sondern an der zu großen, der zu perfekten Vorstellung, dem zu großen Bild. Denn je größer das ist, desto wichtiger ist die Umsetzung – und die gelingt besser in kleinen, überschaubaren Etappen. Sie können ein großer Schlüssel zu unserem Erfolg sein! Mehr noch: Sichtbare Erfolgstritte machen sogar Spaß!

Denn genauso wie uns eine stetige Dauerbelastung mürbe macht, haben kleine, immer wiederkehrende Teilerfolge eine unglaubliche Macht.

Du willst die Sportskanone in Dir wecken, eine lang gehegte Idee umsetzen, mehr Zeit für Dich haben, Dein Hobby leben, das Rauchen aufhören, endlich selbstständig werden?

Befasse Dich damit. Wer soll es denn sonst tun, wenn nicht Du?

Was auch immer es ist, das Du erreichen möchtest, gibt Deinem Erfolg aktiv Zeit.

Ganz gleich, was Du Dir vornimmst, setze Dir Wegpunkte, die für Dich angenehm und wirklich erreichbar sind. Baue Dir Deinen möglichen, überschaubaren Zeitrahmen und dann **fange an!**

Beispiele:

Sport:

»In den nächsten zwei Wochen reserviere ich täglich eine halbe Stunde Zeit für meinen Sport«.

Es geht nicht darum, sofort einen Marathon zu laufen, sondern um die ersten Schritte.

Gesunde Ernährung:

»In den nächsten vier Wochen baue ich mir bewusst, wöchentlich zwei gesunde Mahlzeiten in meinen Alltag ein.«

Du musst nicht direkt zum Ernährungsprofi mutieren. Es geht erst mal nur um zwei Tage in der Woche. Freue Dich auf sie, spiele mit Rezepten, mache Dir selbst Hunger und Lust darauf.

Beruf:

Du hast eine Idee, ein Talent, eine neue Vision von Deiner Arbeit?

»In den nächsten vier Wochen schenke ich täglich eine halbe Stunde Zeit meiner Vision.«

Lese Bücher darüber, durchforste das Internet, rede mit Menschen, die sich damit auskennen. Vielleicht findest Du ja auch einen Mentor oder eine Mentorin in diesem Bereich.

Das bringt Dir zwar nicht sofort einen neuen Job oder wuchtet Dich in die Selbstständigkeit, aber Du gehst damit die ersten Schritte, um beruflich zu wachsen.

ERFOLG ZUM ANFASSEN

Du kannst Dir Deine Erfolgsschritte sichtbar, ja sogar fühlbar machen.

Erfolg zum Anfassen. Direkt vor Deiner Nase.

Nimm zum Beispiel ein großes Glas und ein paar Murmeln oder Steine. Jedes Mal, wenn Du Deinem Ziel Zeit schenkst, wirf dafür eine Murmel in das Glas.

Sammle sie, fühle, wie schwer Dein Glas mit der Zeit wird. Das hast Du alles schon gewuppt!

Oder mache Deinen Erfolg sichtbar, indem Du Deine Schritte im Kalender abstreichst.

Was glaubst Du, wie gut sich das anfühlt, wenn Du Dir dann täglich einen Strich dafür in den Kalender machst. Sieh, was Du alles schon geschafft hast, immer und immer wieder, jedes Mal! Behalte Dir nur bitte im Kopf, es geht nicht darum, sofort an Dein Ziel zu gelangen. Auch nicht nur darum, Dein Ziel zu erreichen. Sondern ebenso um die Fragen: Möchte ich das wirklich? Macht mir das auch

Spaß? Manchmal stellt sich nämliche auch heraus, dass man gar nicht dazu bereit ist, so viel Zeit auf Dauer in ein Ziel zu investieren.

So eine Erkenntnis kommt meistens erst dann, wenn man mal angefangen hat.

Nur Du entscheidest, was für Dich Priorität ist und welchen Dingen Du Deine Aufmerksamkeit schenkst.

De Facto ist es nämlich genau das, was Dein Erfolg braucht: Dich, Deine Zeit und Deine Liebe dafür!

Sehr wahrscheinlich wirst Du auch zwei, drei, oder vier Tage dabeihaben, an denen Du keinen Strich machst, es keine Murmel bis ins Glas schafft.

Denke bitte daran: Du bist losgelaufen – das ist besser als gar keinen Schritt zu tun!

Davon abgesehen: Glaubst Du ernsthaft, Du wärst der einzige Mensch auf dieser Kugel, dem mal etwas nicht gelingt? Mit Sicherheit nicht! Du darfst ruhig etwas gnädiger mit Dir sein und den Perfektionismus auch mal in die Ecke stellen. Oder noch besser, wir schicken ihn einfach auf eine Reise.

URLAUB

Wohin darf es denn gehen?

Mein Perfektionist Jimmy sitzt gerne mit einem Cocktail in der Hand auf den Bahamas und lässt sich die Sonne auf den Bauch scheinen. Das tut nicht nur ihm gut, sondern auch mir!

Noch schöner ist so ein Urlaub mit einem/einer Partner/in oder mit Freunden. Probiere es aus! Ich kann Dir versprechen, das macht etwas mit Dir. Selbst wenn es nur als kleine Erinnerung dient. In meiner letzten freien Zeit war das ein riesiger Spaß.

Ich schickte meinen Perfektionisten Jimmy zusammen mit dem Billy meines Lebensgefährten einfach los. Von wann bis wann die zwei unterwegs sein sollten, legten wir vorab genau fest. Das Reiseziel ebenfalls. Richtig interessant wurde es dann beim Reisegepäck. Mein Jimmy packte dieses ständige Abarbeiten einer To Do-Liste mit ein. Vor allem Worte wie „Ich muss noch …", „Ich sollte noch …" und „Ich kann noch …". Mein Lebensgefährte gab seinem Billy zum Beispiel die Uhr mit auf die Reise. Das Erstaunliche war für mich, erst dann ganz bewusst zu merken, wie oft man sich selbst mit völlig unnötigem Perfektionismus unter Druck setzt. Sogar ganz ohne Situationen, die das gefordert hätten. Wir erinnerten uns immer gegenseitig daran, dass unsere Perfektionisten doch gar nicht da sind und überraschenderweise gestaltete sich unser Urlaub dann sogar noch eine Ecke entspannter …

Vielleicht hast Du ja Lust das auch mal auszuprobieren.

Wie heißt Dein innerer „Monk"?

Wie sieht er aus?

Was könnte wohl Dein Perfektionist mitnehmen?

Denke gut darüber nach, denn während des Urlaubs sollten Dich die Dinge, die mit eingepackt wurden, nicht interessieren. Sie wurden ja schließlich vom „Monk" mitgenommen und sind für diese Zeit gar nicht greifbar für Dich. Es ist wirklich ganz erstaunlich, was der Gedanke ›Ich muss etwas gerade nicht machen oder so eng sehen, weil Jimmy ja nicht da ist‹ bewirkt!

Es macht einen enormen Spaß, sich dann gegenseitig oder auch selbst daran zu erinnern, dass die kleine, kritische Stimme doch gerade im Urlaub ist! Schön ist es auch, sich auszumalen, was der Perfektionist wohl gerade im Urlaub macht …

Achtung, hier kommt nun der Urlaubsantrag für Deinen Monk!

Fülle ihn aus, genehmige ihn und hänge ihn Dir einfach in Sichtweite auf.

Nun hast Du es schwarz auf weiß!

Wenn das mal nicht ein Grund ist, sich noch mehr auf eine Auszeit zu freuen!

URLAUBSANTRAG

Air Lines ····· ···· BOARDING PASS ····

ZEITRAUM:

➤ **VON:**

✈ **BIS:**

REISEZIEL:

Air Lines

MITREISENDE:

GEPÄCK:

GENEHMIGT VON

DATUM ——————— UNTERSCHRIFT

Air Lines ··········

✈

········· **BOARDING PASS** ···

🔓 MITREISENDE:

GEPÄCK:

❶ GENEHMIGT VON

DATUM _____ UNTERSCHRIFT _____

ZEITRAUM:

VON: 👣

BIS: 👣

REISEZIEL:

Air Lines

BOARDING PASS

ZEITRAUM:

VON:

BIS:

REISEZIEL:

Air Lines

Air Lines

GEPÄCK:

MITREISENDE:

GENEHMIGT VON

DATUM   UNTERSCHRIFT

Air Lines

MITREISENDE:

GEPÄCK:

❶ GENEHMIGT VON

DATUM _____ UNTERSCHRIFT _____

···· BOARDING PASS ····

ZEITRAUM:

VON: 👣

BIS: 👣

REISEZIEL:

Air Lines

···· BOARDING PASS ····

Air Lines

ZEITRAUM:

✈ VON:

✈ BIS:

REISEZIEL:

Air Lines ······· ✈ ··············

GEPÄCK:

▥ MITREISENDE:

➊ GENEHMIGT VON

DATUM   UNTERSCHRIFT

Air Lines

⊞ MITREISENDE:

GEPÄCK:

❶ GENEHMIGT VON

DATUM

UNTERSCHRIFT

···· BOARDING PASS ····

ZEITRAUM:

VON:

BIS:

REISEZIEL:

Air Lines

Air Lines ....

✈

.... **BOARDING PASS** ....

🎫 MITREISENDE:

GEPÄCK:

ZEITRAUM:

VON: 🛫

BIS: 🛬

REISEZIEL:

❶ GENEHMIGT VON

DATUM _____   UNTERSCHRIFT _____

Air Lines

ZUM GLÜCK GESCHEITERT

Kommen wir nun zu einer ganz unangenehmen Sache: dem Versagen.

Von wegen! Wer genau hat denn in Stein gemeißelt, dass ein Scheitern immer etwas Schlechtes ist, frage ich mich. Wir wissen zwar alle, dass es dazugehört, mal nicht anzukommen. Trotzdem fällt es uns unsagbar schwer, dies zuzugeben.

Wie schwer? Sage Dir doch mal laut **»Ich habe versagt!«** oder **»Ich bin gescheitert!«**

Nur zu – trau Dich!

Wie war das? Wie fühlt es sich an, diese Worte auszusprechen?

Der fahle Geschmack des Versagens klingt doch schon irgendwie so fies, oder?

Wir Menschen sprechen halt nicht oft darüber! Eigentlich so gut wie nie …

Wir sind es gar nicht gewohnt uns gedanklich, geschweige denn auch noch laut damit zu befassen. Der Grund dafür ist wahrscheinlich eine gewisse Konditionierung. „Setzen, 6!"

Wir haben unglaubliche Angst davor, von außen beurteilt zu werden. So sehr, dass uns oft die Fähigkeit fehlt, ein eigenes Scheitern überhaupt neutral betrachten zu können. Noch nicht einmal dann, wenn uns genau das am Ende sogar etwas Gutes gebracht hat.

Schluss damit!

Hier ist jetzt Dein „Stein" zum Reinmeißeln:

Welcher Misserfolg oder auch welches Problem, hat Dir am Ende sogar etwas Gutes gebracht.

Dein Hinkelstein des Erfolgs-Scheitern:

Am Ende war doch nicht immer alles schlecht!

DANKBARKEIT

Es war ein schwül heißer August Tag.

Die Nachmittagssonne kämpfte sich gerade wieder durchs Wolkenband, das ein Sommergewitter mit sich gebracht hatte.

Ich hatte eine scheiß harte Woche hinter mir, vor allem eine emotional anstrengende. Umso mehr freute ich mich darüber, dass die nächsten 48 Stunden nur mir gehören sollten. Ich hatte gerade genug von Menschen. Diese ewigen Diskussionen gingen mir auf die Nerven.

Ich wollte einfach nur für mich sein. Nur das tun, wonach mir gerade der Sinn stand und verdammt noch mal nichts anderes.

Meine Sinne hatten sogar eine sehr genaue Vorstellung von dem, was sie jetzt wollten.

Ganz klar, zwei Kugeln Joghurt- und zwei Kugeln Kokos-Eis plus Waffel und Sahne – versteht sich. Also besorgte ich mir ein Eis in der kleinen Eisdiele am Marktplatz. Ich wollte es aber nicht vor Ort essen. Es waren mir für diesen Moment, für dieses Einläuten meiner eigenen 48 Stunden, viel zu viele Leute anwesend. Also entschied ich mich dazu, meinen 20-Millionen-Kalorien-Eisbecher an einem meiner Lieblingsplätze in der Nähe zu essen: Einer Anhöhe, umringt von Wiesen und Feldern, mit offenem Blick auf die kleinen Ortschaften der Umgebung. Ich mag diese Weite dort oben. Ich konnte hier schon immer besonders gut atmen und nachdenken. Wobei ich dieser Tage einfach zu viel nachdachte und das auch nicht abstellen konnte. Vielleicht ging das ja dort oben besser ... Platz und Raum nach allen Seiten und der größte Vorteil war, dass man hier nicht unbedingt auf andere Menschen traf.

Außer natürlich heute! ›Ernsthaft?‹. Grummelnd registrierte ich ein Auto am Wegesrand. ›Egal‹, dachte ich mir. ›Ich werde mir mein Atmen und meine Ruhe hier oben nicht nehmen lassen‹. Also marschierte ich zwar zielstrebig, aber innerlich grollend, bewaffnet mit meinem Eisbecher bis zu meinem Lieblingspunkt. Kaum angelangt, stieg eine Frau aus dem Auto und lief freudestrahlend in meine Richtung. Die ganze Woche musste ich schon so viel kommunizieren und Fragen beantworten, genau jetzt hatte ich überhaupt keine Lust dazu!

Also starrte ich unbeirrt ins Tal und versuchte meine kalte Versuchung trotzdem zu genießen, was mir nicht so richtig gelingen wollte. Die Anspannung der letzten Zeit saß mir viel zu tief in den Knochen.

Die Frau kam näher. Ich gab mir die allergrößte Mühe, meine innere „Ich habe keinen Bock auf Smalltalk"-Haltung, auch wirklich durch jede Faser meines Körpers sickern zu lassen. Dennoch stellte sie sich einfach wortlos neben mich, sehr nahe neben mich und starrte mit mir ins Tal. Einerseits mochte ich mich in diesem abweisenden Modus selbst gerade nicht und diese Frau konnte ja auch rein gar nichts für meinen Groll. Andererseits fragte ich mich, warum um Himmelswillen rückt man jemand fremden ungefragt derart nah auf die Pelle?

»Du nicht genießen Dein Eis?«. Die Frage holte mich ungläubig aus meiner Starre. ›Warum fragt sie mich das denn? Was interessiert sie das?‹ Ich antwortete zögerlich: »Ähm, doch, doch, das Eis ist lecker!« - »Warum genießt Du dann nicht?«. Ich war irritiert und nervös über diese Frage, auch über die emotionale Offenheit der Frau, schließlich kannte sie mich gar nicht. Es machte mich im ersten Moment auch irgendwie wütend. Ihr konnte doch egal sein, ob ich mein Eis genoss oder nicht! Ich war kurz davor, mich einfach wegzudrehen und zu gehen. Schließlich hatte ich in letzter Zeit genug hinter mich gebracht. Da musste ich mir nicht auch noch komische Fragen von komischen Leuten gefallen lassen!

Sie drehte sich zu mir: »Entschuldige, ich dich nicht stören will, mein Deutsch ist noch nicht perfekt. Dachte nur, ich sagen Dir Hallo«. Die Art wie sie auf mich wirkte, jetzt, wo ich sie auch mal ansah, schien mir aufrichtig, also gab ich mir einen Ruck. »Ich finde, Du sprichst ganz gut Deutsch. Woher kommst Du?«. Sie bückte sich, hob einen Apfel von der Wiese auf und rieb ihn über ihre Strickjacke, die sie locker um die Hüften gebunden hatte. Bevor sie antwortete, biss sie genüsslich in die Frucht und verdrehte die Augen dabei. Dann stellte sie sich wieder neben mich und wir drehten uns beide erneut Richtung Tal. »Aus Moldawien,« kam ihre Antwort nach einer Weile. Wir blickten beide weiter über die Felder, sie Apfel kauend und ich Eis futternd. Sie hielt mir plötzlich ihren angeknabberten Apfel hin »Ist lecker«. Ich schüttelte ablehnend, aber dankend den Kopf und musste etwas schmunzeln dabei. Einen angegessenen Apfel hatte ich gewiss seit Kindertagen nicht mehr angeboten bekommen. Irgendwie war es eine liebenswerte Geste. Also bot ich ihr mutig auch mein Eis an.

Zugegeben, ein bisschen in der Hoffnung, sie würde es ohnehin nicht annehmen, was sie auch nicht tat. Es war eine ganz schräge Stimmung. Als würden zwei Fremde, die sich kennen, jeden Tag hier oben treffen und genau das tun, was wir taten. Ich wurde neugierig, also fragte ich sie: »Was glaubst Du, was ist der größte Unterschied zwischen Moldawien und Deutschland?«. Sie überlegte kurz und ich rechnete mit einer, sagen wir, allgemein vergleichenden Antwort: »Große Unterschied, sehr großer Unterschied. Bei uns sind die Menschen glücklich. Verstehst Du?«. Nein, ich verstand gar nichts! Sind wir etwa nicht glücklich? So eine Antwort hatte ich nicht erwartet.

Sie sah mir wohl meine Verwunderung an, also versuchte sie mir ihre Sicht weiter zu erklären: »Weißt Du, bei uns mehr Lachen. Menschen lachen einfach ohne Grund. Hier viel so ernst«.

Ich konnte ihr in dem Punkt leider nicht wirklich widersprechen, auch wenn mich das irgendwie traf, sogar ganz persönlich. War ich es nicht, die noch vor ein paar Minuten versuchte, meine abweisende Haltung zu perfektionieren? Das hatte gesessen, im Herz und im Kopf - und der ratterte sofort los. Stimmt das? Sind wir hier nicht glücklich? Wenn ja, warum war das so?

Oder was war das Geheimnis? Warum sind sie vielleicht glücklichere Menschen?

Diese Fragen gab ich dann auch gleich an die Unbekannte neben mir weiter.

Wieder überlegte sie einen Moment, dann antwortete sie: »Ich glaube bei uns, Menschen sind näher zu anderen Menschen. Wir sind dankbar bei Sitzen zusammen mit anderen und wir haben mehr Musik, wir tanzen viel! Ist egal, was war. Wenn blöd, wir singen und tanzen. Hier Menschen brauchen Grund für tanzen«. Mein Hirn durchforstete sofort deutsches Kulturgut, Riten, Feste und

meinen eigenen Erinnerungsschatz. Ich suchte nach Hin-
weisen, um diese Behauptungen klar entkräften zu können. Ich versuchte innerlich, Bilder heraufzubeschwören,
mich daran zu erinnern, wann und wo ich jemals Menschen ohne Grund tanzen gesehen habe. Etwas enttäuscht
entgegnete ich ihr dann: »Nun ja, was soll ich sagen. Die
Sanges- und Tanzkünstler sind wir halt eben nicht unbedingt …« Sie musste über meine Antwort herzlich lachen,
vielleicht auch noch mehr über meinen Gesichtsausdruck,
ich weiß es nicht genau. Ich konnte jedoch nicht anders
als mitzulachen. Auf einmal öffnete sich die Fahrertür des
Autos der Unbekannten und ein Mann stieg aus. Er rief
ihr etwas zu, das ich nicht verstand. Sie blickte mich hoff-
nungsvoll an und fragte: »Du tanzen gerne?«. Diese Frage
konnte ich ihr reinen Herzens beantworten, schließlich
war ich berühmt für meinen Popowackeltanz. Gut, okay,
vielleicht tanze ich für gewöhnlich nicht mitten auf einem
Feld am hellen Tag, aber egal … »Oh ja ich mag Musik
und tanzen!«. Kaum hatten diese Worte meinen Mund
verlassen, rief die Unbekannte euphorisch diesem Mann
etwas zu und plötzlich startete laute Musik, deren Text ich
nicht verstand. Wahrscheinlich handelte es sich um ein
moldawisches Volkslied oder so. Freudig klatschend und
laut singend fing diese Frau an, sich im Kreis zu drehen.
Der Mann oder besser gesagt der DJ im Auto klatschte

ebenso begeistert und freudig mit. Nur ich stand auf dieser Anhöhe wie angewurzelt fest. Schockstarre. Ich konnte fast nicht glauben, was sich vor meinen Augen abspielte. Die Art, wie diese Frau tanzte, so ausgelassen, so losgelöst, ohne Grund und ohne Gedanken daran, wie jemand das finden könnte, war so ungewöhnlich, dass ich im ersten Moment gar nicht wusste, wie ich damit umgehen sollte. Ich war zwischen Erstaunen und Entsetzten. Meine eigenen Hemmungen hielten mich obendrein fest.

›Ich tanze doch nicht jetzt und hier! Was ist, wenn jemand vorbeikommt, der mich kennt?‹ Die Fremde vor mir wirbelte einfach unbeirrt ihre fröhlichen Pirouetten und der DJ klatschte weiter im Takt. Auf einmal griff sie nach meiner Hand und riss mich mit in ihren fröhlichen Tanz. Wir tanzten ausgelassen, der Mann grölte und jaulte, seine Beine stapften rhythmisch über den Boden. Ich weiß nicht mehr, wie viele Lieder lang wir tanzten, zwischenzeitlich passierten uns auch mehrere Spaziergänger ungläubig, aber wir tanzen einfach weiter. Irgendwann durchdrang die Stimme ihres Partners die Musik. Wir blickten uns lachend und völlig außer Atem an. »Ich muss jetzt gehen« sagte sie zu mir. Ich strahlte sie an:

»Mehr tanzen, ja?«. Sie nickte zustimmend, winkte zum Abschied, ging zum Auto und sie fuhren weg. Auch heute gehe ich immer noch sehr gerne an diesen Platz. Aber nicht einfach nur um zu atmen, manchmal tanze ich auch nur und erinnere mich an dieses verrückt-schöne Erlebnis mit dieser Frau, deren Namen ich bis heute nicht kenne. Ich glaube, niemals zuvor und wahrscheinlich auch nie mehr danach wurde hier oben je so ausgelassen getanzt.

Wenn mir diese Begegnung eines klar gezeigt hat, dann ist es, wie wichtig es ist, den Dingen, dem Glück eine Chance zu geben, Gelegenheit zuzulassen, auch ohne Grund glücklich und dankbar zu sein.

MANCHMAL IST ES GANZ EINFACH DAS
BESTE GRUNDLOS ZU TANZEN!

PERSÖNLICHE BOTSCHAFT AN DIE LESER*:

Hey Du,

danke, dass Du mein Buch gelesen hast. Das ist mein erstes Werk, also mein Debüt, dementsprechend spannend und aufregend ist das alles natürlich für mich.

Nach wie vor bin ich nervös, tierisch nervös! Kurz vor der Veröffentlichung hatte ich sogar richtig die Hosen voll. Lieber Himmel und wie! Doch dann Griff mein altbewährter Mechanismus, dass Wissen für mich selbst: ›Du hast schon weitaus Schlimmeres geschafft‹. Denn ich war schon sehr häufig mit den Schattenseiten des Lebens konfrontiert. In mancher Hinsicht sogar mehr, als es ein Mensch erleben sollte und; mehr als es mancher ertragen kann. Aber ich stehe immer noch. Sogar mit einem Lachen im Gesicht!

Nicht, weil mir plötzlich das Glück vor die Füße gerollt ist, ich einen Sechser im Lotto hatte oder mich sonst irgendeine tolle Macht glücklich gemacht hätte. Ich habe mir mein Glück einfach nur nie nehmen lassen. Egal, wer oder was sich mir in den Weg stellte, ich zog daraus meine Lehre und meine Kraft. Wie mir irgendwann bewusst wurde in einem sehr überdurchschnittlichen Maß. Deshalb stellte sich für mich die Frage: Was mache ich anders als andere? Welche Schlüssel habe ich benutzt, damit ich am Ende jedes Elefantenhaufens einen glücklichen Abschluss finden konnte? Solche Fragen zogen sich wie ein roter Faden durch meine bisherige Geschichte, durch mein ganzes Glücklichsein. Das war mein Motor für dieses Buch. Ich wollte für andere schreiben, mich mitteilen, einfach um Wege zu zeigen, die ich selbst gegangen bin, die mir geholfen haben. Genau das wollte ich gerne weitergeben.

Ich hoffe, Du konntest Dich von der Dynamik eines Blickwinkelwechsels mitreißen lassen, sodass wir ein Stück zusammen gehen konnten. Das fände ich sehr schön, denn dieses Buch hat mich selbst auch sehr begleitet. Ich konnte damit sogar wachsen.

Nichts anderes wünsche ich mir auch für Dich.

Vielleicht konntest Du Stellen in meinem Buch finden, die zu Deinen Momenten passten.

Mein Wunsch ist es, dass Du Dich sogar in manchen Situationen wiederfinden, neu entdeckten und auch etwas schmunzeln konntest.

Dann habe ich mit meinen Zeilen alles erreicht, was ich wollte.

Man kann jedoch auch immer dazu lernen und sich weiterentwickeln, wenn man weiß, wo man ansetzten kann. So würde ich mich, falls Dir mein Buch gefallen hat, sehr über Deine Rezension freuen! Denn Dein Feedback ist mein Lernen als Autorin und natürlich auch ein Weg, sich noch einmal näher zu begegnen.

Bis dahin wünsche ich Dir viel Spaß am Leben, viel Lachen und natürlich viel Erfolg beim Glücklichsein.

Deine Leona S. Hofmann

P.S. Deine persönliche Meinung zu meinem Buch, Deine Erlebnisse, Deine Ideen, sowie über Kritik und Anregungen freue ich mich sehr!

Schicke mir sie gerne unter:

Leona.S.Hofmann@gmx.de

Printed in Poland
by Amazon Fulfillment
Poland Sp. z o.o., Wrocław

81710201R00119